JN083384

本格的に占う
タロット
基本の扱い方

カードの力を引き出す
コツと実占例

吉田ルナ 監修

片岡れいこ 編

はじめに

　この本は、初めてタロットに興味を持った方、既に経験者だけれど基礎をもう一度復習したい方、占いをしてみて疑問や質問があるという方へ向けて書かれています。タロットの基本を分かりやすく学び、楽しみながら実践力をつけるのに最適なバイブルです。

　タロット占いに、怖いイメージを抱いている人もいるかもしれません。でもタロットは、カードが持つ不思議な力を借りて自分の潜在能力を発揮することで、より良い人生の導きを得ることができる、究極の開運ツールなのです。

　伝統的なタロットのデッキは、22枚の大アルカナと56枚の小アルカナの全78枚で構成されています。初心者の方は、運命的な事柄を示す大アルカナのみで自分を占うことから始めるといいでしょう。その後、具体的な事柄や心理状態を示す小アルカナも加えて占っていきましょう。本書では、段階を追って解説しています。

　開運の秘訣は、カードの力を引き出すリーディングにあります。本書でもサンプルとして「モデルリーディング」を紹介していますが、同じカードでも占者の感性や経験によってリーディングが異なります。あなた独自のリーディング力を高めていただくことが大切です。さらに上達したなら、ライダーウェイト版以外のカードでも占ってみましょう。他のタロットカードでも本書の解説を用いることができます。

　この本が、あなた自身の可能性を広げて、タロット占いの的中率を高め、あなたやあなたの周りの方々を幸せにするためのお役に立てればと思います。

▲本書で使用している「ライダーウェイト版タロット（RIDER WAITE TAROT）」…アーサー・エドワード・ウェイト氏により監修され、パメラ・コールマン・スミス女史により78枚すべてのカードに絵柄がつけられた、現在世界で最も普及しているタロットカード。20世紀初頭、ライダー社より初版。今日多くのタロットカードがこの絵柄を基にデザインされている。ウェイト版、ライダー版とも言う。

この本で分かること

第Ⅰ章………▶ タロットカードを味方につけ、より高い効果と導きを得るための、魂入れ〜浄化〜展開法〜クロージング〜保存方法を解説します。

第Ⅱ章〜Ⅴ章 ▶ 実際に占いながら、カードの意味を覚え、実践力が身につくように、4種類の主要なスプレッドで章分けし、数種の実用的な占目で占い方や実占例を紹介しています。基盤となる大アルカナのみを使用した占いから始め、自然と全78枚を使用した占いが修得できるように、占目ごとに使用カードを設定しています。

第Ⅵ章………▶ 一枚一枚の意味を覚えるだけでは見えてこない、全体から見たカードのさまざまな特色をつかんで、実占での応用力を身につけます。

第Ⅶ、Ⅷ章 …▶ カードの意味を、大アルカナ・小アルカナに分けて解説しています。実際に占いながら確認したり、興味のあるカードの理解を深めましょう。ポジションごとの意味では、5段階の★の数で幸運度を表しています。

Q&A ………▶ 初心者が抱きやすい疑問を、Q&A形式で解決していきます。

専門用語

★アルカナ（Arcana）…ラテン語で「神秘」「奥義」を意味する。タロットカードは一般的に、大アルカナ（Major arcana）22枚と、小アルカナ（Minor arcana）56枚の、計78枚で構成されている。

★スート（Suit）…小アルカナを構成する4つのグループ。杖（ワンド Wands）、聖杯（カップ Cups）、剣（ソード Swords）、金貨（ペンタクルス Pentacles／コイン Coins）に分かれ、各スートは14枚ある。

★数札（ヌメラルカード Numeral cards）…各スートの1（Ace）〜10までの10枚の札を数札と言い、1はAceと表記されている。全部で40枚ある。

★宮廷札（コートカード Court cards）…各スートごとに4枚で構成される、ペイジ（小姓 Page）、ナイト（騎士 Knight）、クィーン（女王 Queen）、キング（王 King）と呼ばれる人物札。全部で16枚ある。

★スプレッド（Spread）…カードを展開すること。またはレイアウト法を意味する。

★パイル（Pile）…カードの山のこと。また、デッキ（Deck）は一組のカードのセットを示す。

★正位置（アップライト Upright）…場に出たカードが占者から見て、上下が正しく配置された状態。

★逆位置（リバース Reverse）…場に出たカードが占者から見て、上下が逆に配置された状態。

★オラクル（Oracle）…神託、預言を意味する。ワンオラクルは、カードの1枚引きを示す。

CONTENTS　もくじ

CONTENTS もくじ

※本書は2020年発行の『この一冊で本格的にできる！タロット占いの基本 新版』の書名と装丁、誌面デザインを変更し、新たに発行したものです。

第Ⅰ章
成功するタロット占い
のコツ

�֎ 成功するタロット占いのコツ ✳

　タロットカードには、神秘的な力が封印されています。カードに込められた封印を解くのは、あなた自身です。

　この章では、タロットカードが持つ魔法のような力を使うための方法を解説しています。それは、あなた自身の中に潜在する力を引き出す方法でもあります。

　自分占いであっても、相手占いであっても、あなたがカードを使って、自分自身や相談者へ伝えようとする言葉には、魂がこもっています。つらい状況であっても幸せに導こうとする、優しく力強くポジティブな言葉を心がけましょう。そうすると、それは言霊となって動き出し、自分自身やあなたの周囲の人たちの毎日を必然的に良くしていくのです。

　この章では、カードを手にしたときの魂入れから始まり、神秘の力を強める浄化、カードを展開する方法、クロージングと保存方法まで、カードの扱い方や所作を解説して、成功するタロット占いのコツを伝えます。

あなたの開運は、タロットカードを手にしたときから始まります

占いを成功させる魂入れ

最初のユーザー登録

　タロットカードは、持ち主が神の知恵や愛とつながるためのツールです。持ち主が自分であることをカードに告げるため、エネルギーを入れる作業を魂入れと言います。これによって、あなた自身のための特別な道具として働きます。

大アルカナ 22 枚

・・・・・・・・・▶ 1…7

・・・・・・・・・▶ 8…14

▶ 15…21・0

小アルカナ 56 枚（数札 40 枚 + 宮廷札 16 枚）

杖

聖杯

剣

金貨

第Ⅰ章　成功するタロット占いのコツ

成功のコツ

魂入れは、パソコンのユーザー登録やセットアップと同じように、初回に行う最も大切な作業です。タロットカードを味方にし、カスタマイズした通りに結果が表れ、自在に操るための、持ち主を告げる儀式だと考えましょう。

1 カードを広げ全体を眺める

　新しいタロットカードの封を切ったら、取り出して全体を眺めましょう。カードを見て触れることで、自分のエネルギーがカードに入っていきます。左ページの図のように、全体を眺められるように広げるのが望ましいです。広げられないときは、カードを繰りながら目を通しましょう。

2 構成と絵柄を確認する

　タロットカードは通常 78 枚で構成され、22 枚の大アルカナ（メジャーアルカナ）と 56 枚の小アルカナ（マイナーアルカナ）に分かれています。

　大アルカナは、運命的な出来事や霊的成長のプロセスを示し、占いの核となります。1［魔術師］〜21［世界］、そして 0［愚者］と、番号と名前が書かれ、美しい絵柄が特徴です。ウェイト版は占星術の思想に基づき、8 に［力］、11 に［正義］が配置され、マルセイユ版などの従来のデッキと違って、入れ替わっているのが特徴です。［愚者］には番号の振られてないデッキもあり、大アルカナの最初や最後に配置されています。

　小アルカナは、大アルカナの持つ運命的な出来事に具体性と説得力をもたらし、占いを万能にします。杖（ワンド）・聖杯（カップ）・剣（ソード）・金貨（ペンタクルス）という 4 つのスートで構成され、各スートは、1（Ace）〜10 の数札（ヌメラルカード）と、ペイジ、ナイト、クィーン、キングという 4 枚の宮廷札（コートカード）で構成されています。

3 魂入れ

　カード全体に目を通したら、一つにまとめて、「○○○○（氏名）の道具として、神のメッセージを得るために働いてください。」などと唱えて、自分がマスターだということを伝えます。そして自分のエネルギーを封入するために、息を吹きかけるとよいでしょう。夜は、枕元に置いてカードと共に眠りましょう。

ルナのワンモアアドバイス

繰りながら目を通し、魂入れをする作業は、霊的サイクルである 7 日間続けることで、霊力が強まります。最初の占いは自分占いから始め、カードとの関係を確立してから相手占いを行います。

開運する占いの心得

道具の入手から占う前の準備

　タロット占いは、タロットカードがあれば誰にでもできる占いですが、特別な準備をしたり心得を持つことで、より高次の意識とつながり、神聖なメッセージを得ることができます。これらは、開運する占いを行うための大切な方法です。

1 タロットカードを選ぶ

　タロットカードは、書店やオカルトショップ、ネットショップなどで気軽に購入することができます。

　初心者の方は、ウェイト版がおススメです。古典的なマルセイユ版や、魔術的なトート版をはじめ、今日ではさまざまな個性的なカードがありますが、自分の感性に合って、占うことが楽しくなるものを選ぶことが大切です。

2 タロットクロスを用意する

　タロット占いでは、カードを展開する場所に特別なクロスを用意します。こちらもオカルトショップやネットショップなどで購入できます。

　魔法使いの道具は自分で作ることでエネルギーが高まるので、生地から作るのもよいでしょう。素材は麻か絹、色は空色や生成りの無地、大きさはテーブルを覆い隠せるくらいが理想的です。

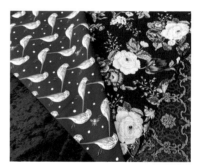

3 開始のスイッチを ON にする

　箱から取り出したら、カードを軽く叩きます。これは邪気払いでもありますし、これから占いを始める合図にもなります。神につながるスイッチを入れる作業です。

タロット占いは心を映す鏡です。占いの道具が整ったら、次は心の迷いを払います。問題を解決する力は自分自身の中にあるのですが、迷いや恐れでそれが見えなくなると悩みます。心を安定させ、カードに答えを映し出す準備をします。

4 地のエネルギーと共鳴する

占いの場は、聖霊が降りる場所です。クリスタルなどを使い、占う場のエネルギーを整えます。空間を浄化するために、お香を焚いてもよいでしょう。また、タロットクロスを敷いた時点で、占いの場を聖なる場所とします。そして、カードをクロスの上に置きましょう。

5 水のエネルギーで浄化する

水は心、特に感情のエネルギーに関係します。タロットカードに触る前は手を洗います。水と共に不必要な感情や思考が流れ落ち、清められると考えます。クロスの前に座ったときは、自分の中に残る迷いや執着、恐れや不安が洗い流されたイメージを持ち、心を鎮めます。

6 風のエネルギーと同調する

風は、思考、知恵のエネルギーに関係します。大いなる知恵とつながり、あなたの意志によって新しい道が創造されるのです。

既にあるものと、これから創造されるものが調和するように、吸う息と吐く息に意識を向けて、瞑想します。

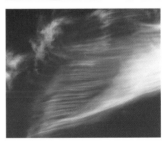

7 火のエネルギーと共に天につながる

キャンドルなどの火は、熱と光を発します。神のエネルギーであり、知恵であり、愛である光が、自分の魂の内にも灯されていることを意識します。

そして、占う内容に対する執着やエゴを燃やし、自分の願いが天に届くようにイメージすれば、占う準備が整います。

的中率を上げる前相談

占目の立て方と宣言

　タロット占いは、「神に尋ねて答えを得る」というワークです。全知全能である神は、相談を投げかけるといつでも答えをくれますが、自分が何を知りたいのかをはっきり伝えることで、的を射た答えが返ってくるのです。

1 タロットカードに秘められた魔法の力

　タロットカードにはさまざまな神秘思想や、ユダヤ教の秘教であるカバラの叡智が込められています。カバラとは、「神の知恵を受け取る」という意味です。

　カバラでは、神の意識が地上へ降りるプロセスと、地上の私たちの意識が神の元へ昇るプロセスを、生命の木というモデルを使って示しています。

　タロットカードは生命の木に基づいて構成されています。私たちの相談を神に伝え、神から答えを得るために作られた特別なツールなのです。

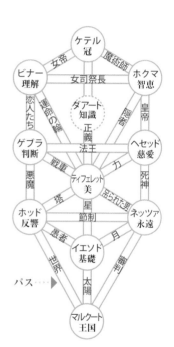

ケテル
冠
女帝　魔術師
ビナー
理解　女司祭長
ホクマ
智恵
恋人たち　運命の輪　ダアート
知識　隠者　皇帝
正義
ゲブラ
判断　法王　ヘセッド
慈愛
戦車　力
悪魔　ティフェレット
美　死神
塔　吊られた男
ホッド
反響　星
節制　ネッツァ
永遠
愚者　月
イエソド
基礎　審判
世界　太陽
パス
マルクート
王国

　大アルカナは、生命の木の22のパス（小径）に対応しており、意識の階層や魂の学びを把握することができます。※パスとの対応は、諸説あります。

2 タロットで何を占えるのか？

　タロットは、恋愛や仕事の悩み、人間関係や家族のこと、精神や健康の不安、金運や人生全般、ペットの気持ちなど、知りたいことを何でも占うことができます。複数枚のカードをレイアウトし、カードが示すメッセージを読み取るのです。

　最初は自分の知りたいことを占う、自分占いから始めましょう。上達したら、友達や家族の相談を占ってみるとよいでしょう。

　注意して欲しいことは、許可なく勝手に他人を占わないということです。タロット占いは、神の意志とあなた（と相談者）の意志が一致してこそ、新しい可能性が示されるのです。

重要なのは、知りたいテーマを明確にすること。悩んでいる人の多くは、問題点が漠然としていて現状を把握しきれず、解決策が分からない状態です。愛を持って自分（相談者）の心の声に耳を傾け、理解することが重要です。

3 相談内容を明確にする

知りたいことに対して、いつ、誰と、どこで、何を、なぜ、どのように、という「5W1H」の質問をして、自分（相談者）の置かれている状況と望む状況を明確に把握します。自分占いでは、自分自身を客観的に見つめることが大切です。

"When" いつ？	"Who" 誰と？	"Where" どこで？	"What" 何を？	"Why" なぜ？	"How" どのように？
▼	▼	▼	▼	▼	▼
日時を明確に	誰と共に行うのか	場所を明確に	何をするのか	どんな理由、意図があるのか	どんな方法で実現したいのか

4 スリーポジションを意識する

自分占いでも相手占いでも、良い占いをするためには、意識の中にスリーポジションを描きます。占者、相談者、そしてこの占いの両者を見守り導く天使の視点です。それぞれの立場を意識し、配慮を持って占うことで、的中率の高い占いを可能にします。

天使

占者　意識のトライアングル　相談者

5 占目を明確にして宣言する

相談が明確になったら、占者は占目を決定します。そして、相談者と占者の心を一つにします。二人の心が一致したら、「○○について占います。どうしたら上手くいくのか、その方法を教えてください」などと、神に向かって明確に宣言します。

ルナのワンモアアドバイス

あなたが自分（相談者）の心を理解すれば、タロットは、さらに深層にある心や魂のメッセージを示してくれます。自分（相談者）の心と向き合うことが、開運の鍵となるのです。

五感を高める展開の所作

シャッフル&カットとレイアウト

　占目を神に向かって宣言したら、すべてを神に託し、答えを受け入れる準備をします。シャッフル&カットの間は心を空っぽにして、占いに集中しながら、神とつながります。そして、美しくレイアウトしていきます。

①カードをシャッフルする
カードを広げながら、全体にエネルギーが伝わるように右回りに混ぜます。

②一つにまとめる
相談者がいる場合は、カードの背を相談者に向けて一つにまとめます。

③両手でカット
両手でカードを繰ります。このとき、リズミカルに行うとよいでしょう。

シャッフル&カット

　一つのパイル（山）を広げ、また一つに戻すというシャッフルの作業は、神の光が物質世界の隅々まで行き渡り、そしてまた戻って来るという、生命の木のプロセスを表現しています。この作業を通じて、できるだけ自分の想念を手放し、無の状態をつくりましょう。
　カットするときはリズムをつくることで、トランス状態を導きやすくします。心という器に、神のエネルギーが宿るようにイメージします。

④カードに意識を込める
シャッフル&カットで心を空っぽにしたら、もう一度占目を意識して、祈ります。

⑤二つに分ける
左手で二つに分けたら、新しく現れた面が上になるように一つに重ねます。

⑥相談者に分けてもらう
相談者がいる場合は、相談者にも左手で二つに分けてもらい、一つに重ねます。

14

成功のコツ

カードに意識を込めるとき、神のエネルギーが降りたと思えたら、二つに分けます。相手占いでは、相談者にも左手で二つに分けてもらうことで、占者と相談者と神の意識がカードに込められたことを意味します。

⑦反転させる
相談者がいる場合は、カードを反転させ、自分側に戻し、占者の視点で展開します。

⑧捨て札を行う場合
レイアウトするときに、札を捨てる場合は、捨て札をクロスの脇に置きます。

⑨レイアウトする
順番にカードをレイアウトし、正逆が反転しないようにオープンします。

捨て札について

　捨て札を行うことが定型になっているスプレッド（本書では二者択一のスプレッドやヘキサグラムスプレッド）以外でも、捨て札を行うことがあります。捨て札は、意識の深い層にある情報を得るために行います。無心で占うことができず、想念が捨てきれない感覚があるときに、捨て札を行いましょう。捨て札の枚数は、「数が示すメッセージ」（P73・POINT31）を参考にしてください。例えば、6枚捨て、7枚目からレイアウトする場合は、6で示される真実（陰陽の統合）を越えて、7（神聖なメッセージ）を得ることができる、と考えます。

レイアウト

　レイアウトするとき、自分占いではカードを伏せて並べましょう。並べ終えてから一枚ずつオープンしていきます。相談者がいる場合（相手占い）は、スピードも要求されるので、最初から開いてレイアウトしてもよいでしょう。そうするとスムーズに読み始めることができます。

ルナのワンモアアドバイス

カードは心を映します。神聖なるものを映すカードを丁寧にシャッフル＆カットし、美しくレイアウトを行いましょう。また、絵が美しいタロットカードは、アートセラピー効果も期待できます。

カードに力を与える浄化と保存

占いを終えたカードの扱い方

　占いが終わったら、クロージングします。何度も占いをしていると、カードに手垢がつくように、さまざまな想念が残留してしまいます。占いを終えた後は、浄化して大切に保管することで、カードの霊力を保つことができます。

1 クロージング

　占いが終わったら、すべてのカードを場に伏せて、占いを始めるときとは逆の左回りにシャッフルします。これは、カードに注がれたエネルギーを抜く作業です。触れる手がカードに入ったエネルギーを消していくイメージを持ちながら混ぜていきます。

2 スイッチを OFF にする

　一つにまとめたカードに息を吹きかけ、残留する想念を飛ばします。カードを叩いて邪気を払い、箱の中にしまいます。これらは、神につながるスイッチを切る作業です。

3 カードの浄化

　カードを浄化する方法は、カードの上にクリスタルを置いたり、ホワイトセイジでスマッジするなど、さまざまなやり方があります。定期的に行うとよいでしょう。

カードの霊力を保つためには、カードを聖別して保管します。聖別とは、神聖で特別なものとして扱うことです。カードには想念が溜まりやすいので、ときどき浄化やチューニングをして、エネルギーを整えましょう。

4 カードをチューニングする

占いを始める前に、最初にカードを手にしたときと同じように、順番に並べ直します。カードのエネルギーの流れが整います。そして、カード1枚ずつに目を通すことで、再びあなたのエネルギーが入ります。占いのたびに行う必要はありませんが、気の流れを良くしたいときなど、たまに行うとよいでしょう。

5 保管方法について

タロットカードは、専用のポーチやボックスに入れて保管します。そして、仏壇や神棚や祭壇など、家の中のもっとも聖なる場所に納めるとよいでしょう。そのような場所がない場合は、大切な物をしまう場所や、人目のつかない所に保管しましょう。

6 タロットの使い終わり時期と処分方法

タロットカードを使い終わる時期は、人によってもさまざまですが、一つにまとめて側面が汚れていたら、そのカードを使い続けるよりも、神社の古札納所などに納める方がよいでしょう。自分でお焚き上げをしても構いません。カードに込められたさまざまな想念が炎によって浄化されるように、「相談者の願いが天に届き、幸となって戻って来ますように」と祈りながら、1枚ずつ燃やします。そのときに、ホワイトセイジを使うのもよいでしょう。そして、新しいカードを使い始めるときは、同じ種類であっても、再度魂入れから始めます。

ルナのワンモアアドバイス

クロスやポーチも同様で、占いで使う道具は汚れたり古くなったら新しく換えて、いつも清らかなものを使うようにしましょう。処分するときは、道具に役目を終えたことを伝えてから捨てます。

第II章
基本の占いをマスターする
クロススプレッド

クロススプレッドの展開法

　5枚というシンプルな枚数で占うので、運勢の特徴を簡潔につかむと同時に、心の状態を知ることができるスプレッドです。今の心の癖がつくり出す運勢を知り、未来への開運のコツが分かります。

　ポジションの意味の設定を変えれば、相性占いとしても活用できます。

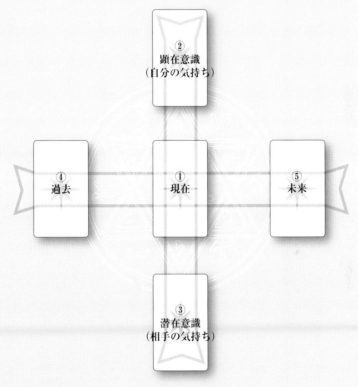

ポジションの意味

①現在…今、現在の運勢。一般的に先月～今月～来月くらいの期間。

②顕在意識…願望や目標、恐れや喜びなど、強く意識していること。
　　　　　　（相性占いでは、相手に対する自分の気持ち）

③潜在意識…普段意識していない心の底に潜んでいる思考や感情、才能など。
　　　　　　（相性占いでは、相手の気持ち）

④過去…占った事柄に対する過去の運勢。一般的に2、3ヶ月くらいまでの過去。

⑤未来…占った事柄に対する未来の運勢。一般的に4～6ヶ月くらい先の未来。

恋 愛 　 仕 事 　 その他

POINT 6

相手との縁を占う相性占い

大アルカナ 22 枚を使用

特定の相手との関係や縁を見たいとき、大アルカナのみを使用することで、二人にとっての運命的な出来事や重要な感情を知ることができます。詳細も含めて知りたいときは、全 78 枚を使用します。

【占目例】

おつき合いして 1 年の彼がいます。彼は結婚についてどう考えているのでしょうか？ 私のことはどう思っているのでしょうか？（20代♀）

【展開例】

※占目によってポジションの意味の設定が変わります。

②自分の気持ち
[法王]

④二人の過去
[死神]

①二人の現在
[女司祭長]

⑤二人の未来
[吊られた男]

③相手の気持ち
[世界]

第Ⅱ章　基本の占いをマスターするクロススプレッド

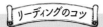

相性占いのときは、②自分（相談者）の気持ちと③相手の気持ちのカードを中心に占います。二つのカードの意味や図柄、スートや数などに共通することを考えながら、運勢の流れを見て、二人の縁を読み取っていきます。

二人の気持ち、［法王］は結婚式を示し、［世界］は結婚を意味するカード。

▶①二人の現在［女司祭長］
交際していても片思いのような状態。お互いに受動的で、自分の気持ちを相手に伝えられない。

▶④二人の過去［死神］
デートの回数が減ったり、連絡などの関わり合いが減っている。別れの方に進展している。

▶②自分の気持ち［法王］
二人は結ばれる運命だと信じている。結婚により幸せになれると思っている。結婚願望。

▶⑤二人の未来［吊られた男］
関係は維持されている。結婚に対する希望や考えを持っているが、行動に移していない。

▶③相手の気持ち［世界］
二人を取り巻くすべての物事が整って結婚をしたいと思っている。結婚に対する幸せと責任。

＋α プラスアルファ

すべて正位置の場合は、悪いカードであってもそのことに停滞しないで物事がスムーズに進む。

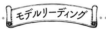

　相談者には強い結婚願望があり、結婚すれば幸せになれると思っています［法王］。過去には、あまり会えないなど、交際が上手く進まず、別れを考えた時期も［死神］。それぞれに思い合っていても、積極的に働きかけることなく受動的で［女司祭長］、未来も進展しない状態が続くようです。結婚に対しての憧れはあっても、実際に話を進めていけない状態です［吊られた男］。

　彼も結婚を望んでいます。今までのすべてのわだかまりをなくして、相談者と結婚したいと思っているようです［世界］。

ルナの開運アドバイス

それぞれ結婚を意識していますが、この占いが示す二人の縁は結婚を示していません。［女司祭長］は相手を受け入れるカードですので、まずは相手の思いを受け入れることから始めるとよいでしょう。

第Ⅱ章　基本の占いをマスターするクロススプレッド

POINT 7

運命の相手と出会うには？

大アルカナ＋オプションとして宮廷札

　運命の出会いはあるのか？　大アルカナのみを使用することで、運命的な出会いを知ることができます。さらにオプションとして宮廷札を使って、どんな相手と出会うのかを見てみましょう。

占目例

今まで女性とおつき合いしたことがありません。運命の人と出会うには、どうしたらよいですか？（20代♂）

展開例

※占目によってポジションの
　意味の設定が変わります。

※⑥のオプショナルカードは、
　大アルカナで展開したあと、
　宮廷札16枚のパイルをカット
　し、場に広げた上で、（相談者
　が）1枚選びます。

オプショナルカード

②願望と恐れ
［魔術師］

⑥相手のイメージ
［剣ナイト・逆］

④過去
［塔・逆］

①現在
［女帝・逆］

⑤未来
［恋人たち］

③背景（環境など）
［星］

第Ⅱ章　基本の占いをマスターするクロススプレッド

出会いを妨げているものは何か、出会いを導いているものは何かを見極めることが大切です。出会いに関する傾向や要素を知るには、③背景のカードから読み取るとよいでしょう。

オプショナルカードが［剣ナイト・逆］なので、「男性のような女性」と読む。

 ▶①現在［女帝・逆］
母親からの過保護や干渉、支配的な母親からの影響が強い。女性に対しての苦手意識がある。

 ▶④過去［塔・逆］
失恋した経験が尾を引いている。セックスや男性としての自分に対する自信のなさ。

 ▶②願望と恐れ［魔術師］
新しい人生のスタート。恋人ができれば、いろいろなことを話して、人生が楽しめるという期待感。

 ▶⑤未来［恋人たち］
母校が同じなどで話しやすい相手。誰かが準備してくれた環境で出会いがある。

 ▶③背景（環境など）［星］
SNSなどを使った広い交際範囲を好む。お互いに影響し合わない人間関係をつくってきた。

 ▶⑥相手のイメージ［剣ナイト・逆］
色気がなく、恋愛に興味がない。仕事や使命に打ち込んでいて、隙のない女性。

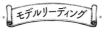
モデルリーディング

　過去の失恋のショックが影響しているのと［塔・逆］、母親との関係が出会いを妨げています［女帝・逆］。
　出会いを呼び込むのは、恋愛への好奇心［魔術師］。しかし、相談者は親密な関係より、友達みたいな自由な関係を好む傾向があるので［星］、恋人となる人に出会うのはカップリングパーティーなどの場になりそう［恋人たち］。相手は、恋愛より仕事に使命を燃やすタイプの女性です［剣ナイト・逆］。
　同郷や母校が一緒などという、相手との共通項を見つけてコミュニケーションを取ることが［恋人たち］、出会いの鍵となるでしょう。

ルナの
開運
アドバイス

カードはインスピレーションをもたらしますが、具体的なことを示すとは限りません。例えば、⑤未来［恋人たち］から、「パーティーで出会う」といった具体的なイメージを組み立てることが大切です。

第Ⅱ章　基本の占いをマスターするクロススプレッド

自分の使命を知る

大アルカナ＋オプションとして数札

　人生を充実させるには、どんな仕事に就けばいいのか？　天職や適職を知りたいときは、大アルカナのみで占うとよいでしょう。オプションとして数札を使うことで、具体的な仕事内容や職業を知ることができます。

占目例

　新卒で今の会社に入社したのですが、仕事に充実感がありません。私の天職とは、どんな仕事ですか？（30代♀事務職 独身）

展開例

※占目によってポジションの
　意味の設定が変わります。

※⑥のオプショナルカードは、
　大アルカナで展開したあと、
　数札40枚のパイルをカットし、
　場に広げた上で（相談者が）
　1枚選びます。

オプショナルカード

②顕在意識
[正義・逆]

⑥職業
[杖4]

④過去
[力]

①現在
[太陽・逆]

⑤未来
[審判]

③潜在意識
[隠者・逆]

リーディングのコツ

オプションで数札を使う場合は、大アルカナで相談者の気質や運命を読み、具体的な仕事はオプショナルカードで読みます。ただし、大アルカナも職業を暗示している場合があるので、それを考慮して天職を読みましょう。

たくさんの職業が現れている場合は、天職に対する観念を読み取る。

▶①現在［太陽・逆］
才能を発揮しても満足感がないので疲れている。エネルギーの浪費。子どもに関係する仕事。

▶④過去［力］
辞めたいときもあったが、良い仕事をする努力を続けてきた。動物に関係する仕事。

▶②顕在意識［正義・逆］
自分の仕事が社会に貢献していると思えない。社会の不公平を感じている。法律関係の仕事。

▶⑤未来［審判］
新しい仕事に挑戦する覚悟。諦めていた仕事に対する情熱が蘇る。広告関係。医療関係。

▶③潜在意識［隠者・逆］
自分の天職は現在の仕事ではなくて他にあると感じ、それを探しているが、分からない。

▶⑥職業［杖4］
住宅に関係する仕事。人をもてなす仕事。イベント企画など。ブライダル関係。ホテル業。

モデルリーディング

　つらいことを乗り越え［力］、仕事をしてきましたが、今は信念がなく［正義・逆］、エネルギーを持て余しています［太陽・逆］。心の中では自分のやるべき仕事は他にあると感じ、それを求めていますが、何なの分かりません［隠者・逆］。興味を持ってはいたが諦めていたことの中に、天職と言える仕事が見つかりそうです［審判］。具体的には、サービス関連の仕事［杖4］が示されています。［太陽］［正義］［杖4］のカードには結婚に関するテーマがあるので、ブライダル関係がよいかもしれません。

ルナの開運アドバイス

タロットは、相談した内容よりも深いメッセージを示す場合があります。天職を占っていますが、［太陽］［審判］［杖4］には相談者の結婚願望が現れている可能性があり、それを示唆する場合もあります。

第Ⅱ章　基本の占いをマスターするクロススプレッド

POINT
9

人と上手くつき合うには？

宮廷札16枚を使用

　どんな個性の人と関わるのか？　どんな風に関われば上手くいくのか？
人間関係の悩みは、ときとして運命を左右するほど心を占めることがあります。具体的に探る場合は、人格を表す宮廷札を使うとよいでしょう。

╭─── 占目例 ───╮

春から高校生になって、まだ友達がいません。どうやってクラスになじみ、仲良くしていけばよいか教えてください。（高校１年生♀）

╭─── 展開例 ───╮

※占目によってポジションの
　意味の設定が変わります。
　②ペルソナ…外に見せている自分
　③セルフ…本音の自分

②ペルソナ
［聖杯ナイト］

④過去
［聖杯クィーン・逆］

①現在
［金貨ペイジ］

⑤未来
［金貨キング］

③セルフ
［杖クィーン・逆］

第Ⅱ章　基本の占いをマスターするクロススプレッド

②ペルソナは社会に対して見せる個性を示す一方、③セルフは内面にある本質的な個性を示しています。その他のポジションは、関わりのある人や相談者自身の態度を表していると考えるとよいでしょう。

人間関係の問題点は、逆位置のカードで読み取る。

▶①現在［金貨ペイジ］
友達になる糸口を見つけようと慎重になっている。おとなしい、まじめな子と友達になれそう。

▶②ペルソナ［聖杯ナイト］
相手に合わせながらも、自分の気持ちを伝えることができる。人と円満に関わることができる。

▶③セルフ［杖クィーン・逆］
皆に特別だと思われたい。魅力を上手くアピールできていない。注目してほしいという強い願望。

▶④過去［聖杯クィーン・逆］
女友達との別れを引きずっている。または、友達と上手くいかずに孤立していた過去。

▶⑤未来［金貨キング］
クラスにもなじんで、安定している。先生や、頼れる男子と仲良くなれそう。

＋α プラスアルファ
2枚のクィーンが逆位置なので、「女性的な自分に自信を持っていない」と読む。

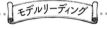

　何でも話ができた友達との別れがあったのでしょうか［聖杯クィーン・逆］、現在は、周囲と仲良くなるきっかけをつかむことに慎重になっています［金貨ペイジ］。人の気持ちを理解する能力が高いので［聖杯ナイト］、時間が経てばクラスにもなじみ、自分のペースでいることができるでしょう［金貨キング］。
　ただ、相談者は自己顕示欲が強いタイプで、クラスでも注目されていたいという願望があり［杖クィーン・逆］、自分が注目されていない状態に不安を感じているようです。性格的には、まじめな人と友達になれそうです［金貨ペイジ］［金貨キング］。

ルナの開運アドバイス
剣のスートがないことから、相談者が社交的なタイプではないことを意味していますが、2枚の金貨のスートは正位置なので、「信頼できて、継続できる人間関係をつくることができる」と読めます。

第Ⅱ章　基本の占いをマスターするクロススプレッド

シンプルに健康運を読む

全78枚を使用

　体調についての占い、つまり健康運を占うときは、展開枚数の多いスプレッドだと読みづらくなる場合もあります。カード枚数の少ないクロススプレッドだと、シンプルに心身のエネルギーを読むことができます。

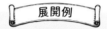

占目例

　主婦をしているので、検診などあまり病院には行きません。最近疲れやすいのですが、どこか悪いのでしょうか？（40代♀主婦）

展開例

※占目によってポジションの
　意味の設定が変わります。

②願望と恐れ
[剣ペイジ・逆]

④過去
[聖杯5]

①現在
[聖杯8]

⑤未来
[月・逆]

③潜在する要素
[金貨9・逆]

第Ⅱ章　基本の占いをマスターするクロススプレッド

リーディングのコツ

全78枚を使用するときは、出現した大アルカナとそのポジションを核にリーディングします。次に、宮廷札を優先的に読みます。そして多く出ているスートと出てないスートの割合を比べて、相談者の心理状態の傾向を読みます。

⑤未来［月・逆］の、不安の解消に向かってリーディングを進める。

▶①現在［聖杯8］
今まで続けていたことを続けられないので、諦める。気持ちや気分が変わりやすい。

▶②願望と恐れ［剣ペイジ・逆］
病気ではないかと心配しているが、調べるのが怖い。精神的に不安定になりやすい。

▶③潜在する要素［金貨9・逆］
若さと美しさに対する執着。女らしく綺麗でいたいと思っているけれど、加齢を感じている。

▶④過去［聖杯5］
心理的に悲しい出来事。気持ちが落ち込むような出来事を経験している。喪失感。

▶⑤未来［月・逆］
心理的な不安は解消されていく。不安の原因が判明する。女性特有の病気への注意。

＋α プラスアルファ

聖杯のスートが多いことから、感情的な要素、心理的な要素が健康に影響している、と読める。

モデルリーディング

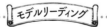

　何かを失って落ち込んでいる状態が続いています［聖杯5］が、それを取り戻すことが難しいのは知っています［聖杯8］。そのことで健康を損ねているようです。

　相談者は、自分が病気ではないかと恐れ［剣ペイジ・逆］、加齢と共に容貌の衰えなどを心配しています［金貨9・逆］。しかし、健康不安は次第に落ち着いていくでしょう［月・逆］。

　女性特有の病気を気にされているようです［金貨9・逆］［月・逆］が、よく知らないからこその恐れに過ぎないので［剣ペイジ・逆］、検査することが大切です。

ルナの開運アドバイス

健康占いを行うときは、医師の診断を受けているかを確認して、未受診の場合は受診を勧めましょう。健康占いは、心身のエネルギーを読むためのもので、病気か病気じゃないかの診断はできません。

第Ⅱ章　基本の占いをマスターするクロススプレッド

第Ⅲ章
選択に迷ったときは
二者択一のスプレッド

✳ 二者択一のスプレッドの展開法 ✳

　ＡとＢのどちらを選べばよいか迷ったとき、複数の選択肢の未来を知って比較できる、このスプレッドを用います。Ａを選べばどうなるか、Ｂを選べばどうなるか、という未来が見えてきます。

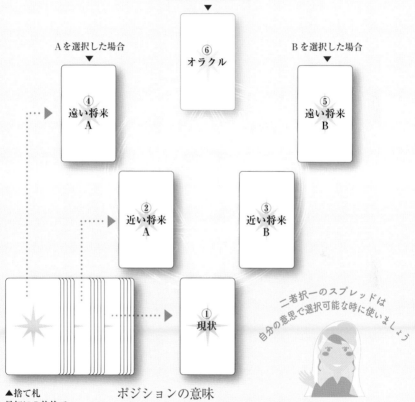

相談に応じて、オラクルを
展開する場合もある。
▼

Ａを選択した場合
▼

⑥
オラクル

Ｂを選択した場合
▼

④
遠い将来
Ａ

⑤
遠い将来
Ｂ

②
近い将来
Ａ

③
近い将来
Ｂ

①
現状

二者択一のスプレッドは
自分の意思で選択可能な時に使いましょう

▲捨て札
最初に5枚捨て、
6枚目を①に置く。

次に5枚捨て、
6枚目から②③と置く。

最後に5枚捨て、
6枚目から④⑤と置く。

ポジションの意味

①現状…現在の状況、もしくは選択前の状態や心理。

②近い将来Ａ…選択Ａを選んだ場合の状況。

③近い将来Ｂ…選択Ｂを選んだ場合の状況。

④遠い将来Ａ…選択Ａを選んだ場合にどのように進展していくのか。

⑤遠い将来Ｂ…選択Ｂを選んだ場合にどのように進展していくのか。

⑥オラクル…選択を越えた、神のメッセージを得たいときにのみ設定する。

※三者択一など、複数の選択枠にアレンジが可能（P40・POINT15参照）。

POINT 11

結婚の可否に迷ったとき

大アルカナ 22 枚を使用

　結婚する場合としない場合、どちらの方が納得いく人生を送れるのか？自分の運命を知りたいときには、全78枚のカードを使うより、運命を読む大アルカナのみで二者択一のスプレッドを行うとよいでしょう。

〔占目例〕

交際2ヶ月目の彼からプロポーズをされました。嬉しいけれど、不安です。本当に結婚を決めても大丈夫なのでしょうか？（20代後半♀）

〔展開例〕

A: 結婚を決めた場合 ▼

B: 結婚を断った場合 ▼

④遠い将来A
［運命の輪・逆］

⑤遠い将来B
［恋人たち・逆］

②近い将来A
［塔］

③近い将来B
［愚者］

①現状
［吊られた男］

第Ⅲ章　選択に迷ったときは二者択一のスプレッド

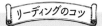

リーディングのコツ

　5枚のカードの中で最も悪いカードは、A：結婚を決めた場合に出ている、予期せぬ出来事を象徴する［塔］のカードです。こちらの選択を避け、B：結婚を断った場合を選択することを促すように組み立てます。

▼

断った場合の運勢を選択できるように［恋人たち・逆］を肯定的に読む。

 ▶①現状［吊られた男］
プロポーズを嬉しいと思っているけれども、結婚を受け入れることに対して躊躇している。

 ▶④遠い将来A［運命の輪・逆］
不安な結婚生活のスタート。だんだん気持ちが冷めて、結婚生活が楽しいとは思えない。

 ▶②近い将来A［塔］
急に話が壊れる可能性。相談者の予期していない出来事が発覚する。相手の浮気の可能性。

 ▶⑤遠い将来B［恋人たち・逆］
新しい恋人ができるまで、少し時間がかかるが出会いはありそう。次の恋は結婚には至らない。

 ▶③近い将来B［愚者］
断ったことに対する後悔を引きずることなく、新しい出会いに向けて進み出すことができる。

 ＋α　プラスアルファ
選択A：結婚を決めた場合に、破談を意味する［塔］が出ているので、自動的に選択Bとなる。

▼

モデルリーディング

　相談者は相手のプロポーズを嬉しく思い、それを受け入れようという思いもあるのですが、いろいろ考えると躊躇しています［吊られた男］。仮にプロポーズを受け入れた場合、残念ながら相手の浮気などが発覚し、破談になる可能性があります［塔］。このまま進めようとしても、結婚ムードが薄れるか、結婚しても幸せは薄そうです［運命の輪・逆］。
　一方、断った場合、相手に執着することなく、新しい出会いを求めることができそうです［愚者］。出会いを求める活動をしていたら、新しい恋人が現れるでしょう。ただし、それは少し先のことになるので、あせらずじっくりと探す必要があります［恋人たち・逆］。

ルナの開運アドバイス

何かに囚われることなく、自由に生きることを示す［愚者］が③近い将来Bに出ているので、断ったことに後悔することなく、新しいスタートを切ることができると読み、前向きな選択を促します。

第Ⅲ章　選択に迷ったときは二者択一のスプレッド

POINT 12

契約更新する・しないを占う

　仕事の契約を更新する場合と別の仕事を探す場合、そのときの判断がどのように未来に影響するのか？　選択の違いによって変わる人生の展開を比較できます。もちろん、全78枚を使用して占うことも可能です。

占目例

現在、契約社員で働いています。更新をすればよいのか、それとも正社員の仕事を探した方がよいのでしょうか？（30代♀独身）

展開例

A: 契約更新する場合　　　　　　　　　　　　B: 正社員の仕事を探す場合

④遠い将来A
[隠者・逆]

⑤遠い将来B
[正義・逆]

②近い将来A
[節制]

③近い将来B
[皇帝]

①現状
[法王・逆]

第Ⅲ章　選択に迷ったときは二者択一のスプレッド

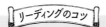

リーディングのコツ

選択A・選択B、どちらの展開にも良いカードが出ていない場合、または、どちらの選択が良いと確定しにくいカードが出た場合は、それぞれのリスクを読み、リスクが少ない方をアドバイスします。

B：正社員の仕事に［正義・逆］、非正規を象徴するカードが出現。

▶①現状 ［法王・逆］
大きな問題はないが、組織や上司に対する不満がある。非正規社員であることへの不満。

▶②近い将来A ［節制］
相談者は、きっちりと仕事をこなしているので、契約の更新は問題なくスムーズにできる。

▶③近い将来B ［皇帝］
辞めるからには、仕事で成功したい、正社員の仕事に就きたいという意欲と熱意で就活に臨む。

▶④遠い将来A ［隠者・逆］
非正規社員であることや独身であることなどに不安を感じ、社会的疎外感がある。

▶⑤遠い将来B ［正義・逆］
正社員の仕事が決まるには時間がかかる。条件が合い、納得いく仕事がなかなか見つからない。

＋α プラスアルファ

近い将来はどちらも良いカードなので、遠い将来のどちらの状況が相談者の希望に近いかを読む。

モデルリーディング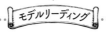

　相談者は、組織の在り方に対して不満がありながら仕事をしている状態［法王・逆］ですが、仕事ぶりは評価されているので、スムーズに契約は更新されそうです［節制］。しかし、非正規社員という形であることや独身であることの社会的な不安は、年齢と共につのっていくでしょう［隠者・逆］。

　正社員の仕事を探すと決めた場合、自信もあるので仕事探しには熱が入ります［皇帝］が、条件に合う就職先はすぐには見つからないので、求職活動に時間をかけられるなら、選択Bがよいでしょう［正義・逆］。

ルナの
開運
アドバイス

占う前に、相談者が現状と人生で望んでいるのは何かということを確認しましょう。人生に対する影響力が大きい大アルカナのみで占う場合は、特にしっかりとカウンセリングすることが大切です。

第Ⅲ章　選択に迷ったときは二者択一のスプレッド

POINT
13

二人の異性で揺れる心を占う

小アルカナ＋オラクルとして大アルカナ

　愛する人か、愛してくれる人か、どちらを選んだら幸せになれるのか？
具体的な出来事や心理状態を表す小アルカナで占います。オラクルを用いて、
選択を超えた運命を大アルカナで見極めましょう。

占目例

> 大好きだった元彼から、やり直したいと電話がありました。現在交際中の彼との関係も順調です。どちらを選べばよいですか？（40代♀）

展開例

第Ⅲ章　選択に迷ったときは二者択一のスプレッド

A: 今の彼と交際を続ける場合

⑥オラクル
[戦車]

B: 元彼とよりを戻す場合

④遠い将来A
[杖7]

⑤遠い将来B
[杖2・逆]

②近い将来A
[聖杯3・逆]

③近い将来B
[金貨クィーン・逆]

①現状
[剣8・逆]

※⑥のオラクルカードは、
　小アルカナで展開したあと、
　カードをオープンする前に、
　大アルカナ22枚のパイルを
　カットし、場に広げた上で、
　（相談者が）1枚選びます。

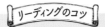

リーディングのコツ

逆位置が多い場合は、占った内容に関して、気持ちがまとまらないことや前向きになれないこと、物事の進展に時間がかかることを意味します。このような場合は、オラクルから選択の答えを導き出します。

オラクルは社会進出を意味するので、仕事にプラスになる恋人を選ぶとよい。

▶①現状［剣8・逆］
今まで抑えてきた気持ちから解放される。しかし、実際に行動することには、ためらっている。

▶②近い将来A［聖杯3・逆］
今の彼との交際を楽しんでいるが、将来のことはあまり考えていない。一時的な楽しみ。虚しさも。

▶③近い将来B［金貨クィーン・逆］
大好きだった人の気持ちをつかんだ安心はあるが、彼を待つことが多く、孤独な交際となる。

▶④遠い将来A［杖7］
ロマンチックな恋のムードは少ないが、仕事など、自分の活動に意欲的に向かうことができる。

▶⑤遠い将来B［杖2・逆］
恋よりも仕事を選んでいる。恋人は自分の仕事を応援してくれず、疎遠になっていく。

▶⑥オラクル　［戦車］
安心できる環境に留まらないで、社会に出ていくカード。自分の力を試すために、挑戦する。

モデルリーディング

　好きだった元彼からの電話で、相談者は引きずっていた想いからは解放されましたが、実際に元彼とよりを戻すかどうかとなると戸惑っています［剣8・逆］。元彼とよりを戻した場合、相手を待つ恋愛になりがちで［金貨クィーン・逆］、そのうちお互いの気持ちが離れそう［杖2・逆］。今の彼との交際は楽しいけれど、元彼と別れた悲しみが癒えていません［聖杯3・逆］。しかし、将来は自分の活動に意欲的になっています［杖7］。
　天のメッセージは、恋愛よりも、社会に対する挑戦をすることが運命なので［戦車］、仕事に有利な今の恋人を選ぶとよいでしょう。

ルナの開運アドバイス

オラクルには、選択を超えたメッセージが現れます。相談者の真の姿や相談者が真に求めるものに対する啓示を与えます。［戦車］は、現状の環境を超えて新たな環境に向かう挑戦を意味しています。

POINT 14

投資すべきかどうかを占う

全78枚を使用

　新たなビジネスや投資を始めるとき、利益が得られるのかが気になるところです。その分野の勉強はもちろんですが、投資にはリスクがあるので、積極的に投資すべきかどうかを占うことで、決断のサポートとなるでしょう。

占目例

資産運用をしていて、順調に利益を得ています。積極的に投資するべきか、それとも現状のままでいく方がよいですか？（40代♂）

展開例

A: 積極的に投資する場合　　　　　　　　　　　　　B: 現状維持の場合

④遠い将来A
[聖杯7]

⑤遠い将来B
[皇帝・逆]

②近い将来A
[杖ペイジ]

③近い将来B
[剣4]

①現状
[金貨3・逆]

第Ⅲ章　選択に迷ったときは二者択一のスプレッド

⟪ リーディングのコツ ⟫

全78枚を使った占いは、大アルカナが出たところをチェックし、「大アルカナの出た方に運命の流れがある」と見ます。今回の占いはお金にまつわる相談なので、金貨のスートもチェックします。

大アルカナの出ている方の、選択Bを勧めるリーディングとなる。

▶①現状［金貨3・逆］
投資について慣れてきている。資産運用は安定しているが、大きな利益を得ていない。

▶②近い将来A［杖ペイジ］
積極的に投資をすると決めても、金額を急に増やすわけではなく、慎重に運用を進めている。

▶③近い将来B［剣4］
今のまま投資を続けても、利益をたくさん得られないので、物足りなさを感じている。

▶④遠い将来A［聖杯7］
投資に関するいろいろなアイデアが浮かぶが実行していない。確実でないことへの不安もある。

▶⑤遠い将来B［皇帝・逆］
お金に対する執着があるので、もっと儲けたいという願望。投資額を増やしたいと思っている。

➕α　プラスアルファ

［金貨3］には、金貨の色がない。これは、天国の徳を意味しているので、金運には直結しにくい。

⟪ モデルリーディング ⟫

　投資に関する充実感がないのが現状です［金貨3・逆］。物質的な利益というより、天に徳を積むようなところがあります。積極的に投資をする場合にしても、相談者は慎重な資産運用を心がける姿勢が強く［杖ペイジ］、高額投資と高利益を夢見ても実行には至らないので［聖杯7］、現状維持と変わりません。とは言え、現状の運用資金でのやり繰りを続けている場合も、配当が少ないので気持ちが盛り上がりません［剣4］。
　いつか大きなお金を動かそうという野心を捨てる必要はありませんが、現状の運用額での運用を続けていくのが妥当でしょう［皇帝・逆］。

ルナの開運アドバイス

積極的に投資する方に「高額投資はしない」と出て、現状を続ける方に「満足できず投資額を増やしたい」と出ている。どちらの選択にも矛盾がある場合は、「現状」を基礎に答えを出すのがよいでしょう。

第Ⅲ章　選択に迷ったときは二者択一のスプレッド

POINT
15

多数の選択肢を設定する

　多数の選択肢があるとき、二者択一を応用して、三者択一占いを行います。相談者の優先順位や希望もあるでしょうが、全 78 枚で占うことで、大アルカナの出現から占いの答えに優先順位をつけることができます。

占目例

　第一志望校合格に向けて努力していますが、正直厳しいです。どの大学に通りますか？　また、大学生活になじめるでしょうか？（18 歳♂）

展開例

第一志望 A 大学の場合　　　　第二志望 B 大学の場合　　　　第三志望 C 大学の場合
▼　　　　　　　　　　　　　　▼

⑤A入学後の運勢　　　　⑥B入学後の運勢　　　　⑦C入学後の運勢
[剣 1・逆]　　　　　　　[世界・逆]　　　　　　　[聖杯 9]

②A大学の合否　　　　③B大学の合否　　　　④C大学の合否
[金貨 5]　　　　　　　[金貨 2]　　　　　　　[杖 1・逆]

※ポジションの意味は占目によって
　アレンジしていきましょう。
　近い将来→大学の合否
　遠い将来→入学後の運勢

①現状
[聖杯 10・逆]

ポジションの設定時に、「②③④近い将来」を合否として、「⑤⑥⑦遠い将来」を入学後の運勢と設定することで、相談の主旨に対応させることができます。また、大学の合否を重視し、入学後は補足として読みます。

どの大学も合格と出ていないが、大アルカナが出ているB大学に可能性がある。

▶①現状［聖杯10・逆］
第一志望は高望みで、手が届かないことを分かっている。

▶②A大学の合否［金貨5］
建物の外をさまよっているので、大学には入れないことを暗示。

▶③B大学の合否［金貨2］
合格とも不合格とも言えないカード。受験に対して楽観的。

▶④C大学の合否［杖1・逆］
学力不足により不合格。合格するには焦らないこと。

▶⑤A入学後の運勢［剣1・逆］
切られることを象徴。②の流れもあり、この大学には縁がない。

▶⑥B入学後の運勢［世界・逆］
問題はないが、満足できない。編入か大学院に進学する可能性。

▶⑦C入学後の運勢［聖杯9］
学業や活動に満足して、学校生活は充実している。

プラスアルファ
　2枚のAce（数札1）は逆位置なので、新しいことへの不安を暗示。

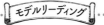
モデルリーディング

　大学への憧れは強いのですが、相談者は志望校への合格は簡単には手が届かない状況です［聖杯10・逆］。第一志望A大学には入れない［金貨5］と出ており、この大学とは縁がなさそうです［剣1・逆］。

　第二志望B大学の合格の可能性は半々ですが［金貨2］、この大学でキャンパスライフを送る未来が見えます［世界・逆］。そして入学後、さらに上への編入や大学院の入学を目指そうとするかもしれません。

　第三志望C大学は、入学後の学生生活は充実しますが［聖杯9］、焦らずじっくり構えないと、そもそも合格は難しそうです［杖1・逆］。

ルナの開運アドバイス

二者択一や複数の選択肢を占う場合は、答えに優先順位をつけましょう。この占いでは、B大学→C大学→A大学という順になります。大アルカナの出ているB大学に入学してからの発展に期待できそう。

第Ⅲ章　選択に迷ったときは二者択一のスプレッド

第Ⅳ章
夢を実現する
ヘキサグラムスプレッド

✳ ヘキサグラムスプレッドの展開法 ✳

　このスプレッドは、二つの三角形を組み合わせた図形で、陰陽統合を示します。上向き三角形で、時間軸の中での運勢の流れを汲みながら、下向き三角形で、相手の気持ちや周囲の影響を知り、望みを叶えるための方法を読み解きます。

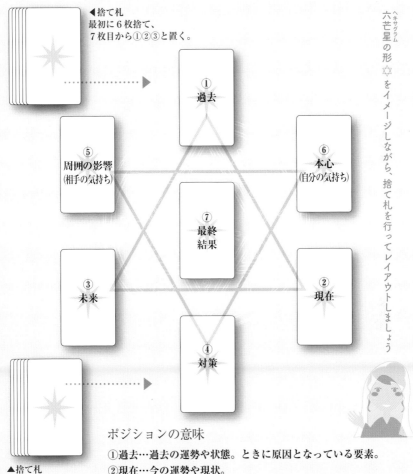

◀捨て札
最初に6枚捨て、
7枚目から①②③と置く。

① 過去

⑤ 周囲の影響
（相手の気持ち）

⑥ 本心
（自分の気持ち）

⑦ 最終結果

③ 未来

② 現在

④ 対策

▲捨て札
次に6枚捨て、
7枚目から④⑤⑥⑦
と置く。

六芒星（ヘキサグラム）の形 ✡ をイメージしながら、捨て札を行ってレイアウトしましょう

ポジションの意味

①過去…過去の運勢や状態。ときに原因となっている要素。
②現在…今の運勢や現状。
③未来…現在から進展する未来。近い未来。①～③で運の流れを掴む。
④対策…良い結果を導くための／悪い結果を回避するための対策や方法。
⑤周囲の影響…環境や対人関係からの影響。相性占いでは相手の気持ち。
⑥本心…本心や本音。相性占いでは、相手に対する自分の本心。
⑦最終結果…結果・結論を出すカード。③が近い未来なら、⑦は遠い未来。

POINT
16

恋愛　仕事　その他

片思いの恋の行方を占う

大アルカナ22枚を使用

片思いの相手との運命がどうなるか、恋が成就するにはどうすればよいかを占います。相手との縁や宿命を知りたいときは、大アルカナのみで占うことで深い縁を読むことができます。

占目例

1年前に知り合って、SNSでのやり取りをしている人が気になります。また、二人で会うことはできますか？　恋人になれますか？（30代♀）

展開例

※相性占いの場合は⑤⑥の
意味の設定が変わります。

①過去
[死神・逆]

⑤相手の気持ち
[悪魔]

⑥自分の気持ち
[魔術師]

⑦最終結果
[戦車・逆]

③未来
[吊られた男・逆]

②現在
[力・逆]

④対策
[審判・逆]

第Ⅳ章

夢を実現するヘキサグラムスプレッド

リーディングのコツ

レイアウトしたカード全体からのメッセージを読み取ることも大切です。全体に逆位置のカードが多いときは、占った内容に対しての不安や迷いを示し、それが物事を停滞させていることを表しています。

最終結果や運勢の流れが逆位置なので、進展が遅い交際となる。

 ▶①過去［死神・逆］
住んでいる世界が違う人との出会いで、接点がなかった。

 ▶②現在［力・逆］
相手を誘う勇気がなく進展しない。思うようにならない相手。

 ▶③未来［吊られた男・逆］
相手に合わせることで成り立つ恋。尽くしても報われない相手。

 ▶④対策［審判・逆］
気持ちを伝えても伝わらない相手だと認識すること。諦める。

 ▶⑤相手の気持ち［悪魔］
相談者の気持ちを知っているが、本気ではない。浮気候補。

 ▶⑥自分の気持ち［魔術師］
話の楽しい相手。この恋愛を進展させるきっかけをつくりたい。

 ▶⑦最終結果［戦車・逆］
振られる。強引に進んでも上手くいかない。身勝手な男性。

 ＋α プラスアルファ
［悪魔］は悪縁を示すカード。できれば関わらない方がよい相手。

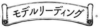 **モデルリーディング**

　SNSでは親しくやりとりされている相手ですが、実際に会ってみると、あまり良い性格ではないように出ています［悪魔］。
　相談者自身は、もっと進展することを願っているのは確かですが［魔術師］、たとえこのまま進展したとしても、将来的な結果は、決して幸せな方向には向いていません［戦車・逆］。
　もともと、住んでいる世界が違い、接点の薄い二人の関係でしたが［死神・逆］、現在でも、積極的になる勇気を出せていません［力・逆］。これからも、相手に合わせようと頑張っても、報われることは少ないと出ています［吊られた男・逆］。

ルナの開運アドバイス
この占いのように悪い結果や良くない結果が出た場合、諦めることが一番の開運となる場合があります。相談者の思いもありますが、占いの結果を誠実に受け止めて、相手に伝えることも大切です。

才能を引き出し天職を探る

大アルカナ22枚を使用

　自分にはどんな運勢や才能があるのかを知りたいときや、才能を活かすために何をすればよいのかを占います。全78枚で占うことも可能ですが、大アルカナのみで占うことで自分の本質的な能力を発見することができます。

占目例

現在大学生ですが、就職活動など将来が不安です。どんな仕事に就けばよいのかを教えてください。（20代♀学生）

展開例

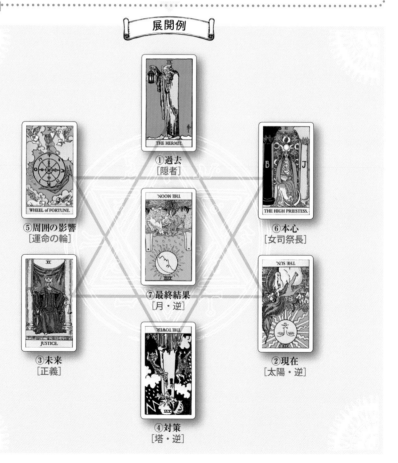

①過去
[隠者]

⑤周囲の影響
[運命の輪]

⑥本心
[女司祭長]

③未来
[正義]

⑦最終結果
[月・逆]

②現在
[太陽・逆]

④対策
[塔・逆]

⛶ リーディングのコツ ⛶

全体を通して共通するシンボルやメッセージを見つけ、最終結果を見通し、運勢の流れをつかみます。どんな結果を導き出すかを決めて、全体的なリーディングを組み立てるようにしましょう。

🔻

最終結果〔月・逆〕は迷いはあるが、進むべき道が見えていることを暗示。

▶①過去〔隠者〕
自分の信じる道を進んでいる。研究者。自分の可能性を探す。

▶⑤周囲の影響〔運命の輪〕
環境の変化による気づきや、出会いによる良い影響を受ける。

▶②現在〔太陽・逆〕
生活を楽しんでいるが、興味がいろいろなことに分散している。

▶⑥本心〔女司祭長〕
就職というより、研究や学問を深めたいという想い。

▶③未来〔正義〕
自分の進んできた道が正しかったという結果が出る。法律関係。

▶⑦最終結果〔月・逆〕
迷いや不安は時間と共に解けていく。進むべき道が見えてくる。

▶④対策〔塔・逆〕
自分の積み上げてきたものを壊すことで、新しい気づきがある。

➕α プラスアルファ
知恵を示す書物を持つカード〔運命の輪〕〔女司祭長〕が出現。

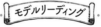
⛶ モデルリーディング ⛶

　相談者は、自分の勉強をコツコツと続けてきましたが〔隠者〕、現在は、いろいろなことに興味が分散しているようです〔太陽・逆〕。将来は、今までの学びに対して社会的な評価を得ることができるでしょう〔正義〕。

　これまでの考えを一度壊して〔塔・逆〕、興味のままに人生を楽しみ〔太陽・逆〕、いろいろな人と関わることで〔運命の輪〕、自分の学んできたことに確信を得られて、知識を深めようと思うようになります〔女司祭長〕。

　自分の進む道が見えているので、迷いは解けるでしょう〔月・逆〕。

ルナの
開運
アドバイス

書物を持つ〔女司祭長〕は、学問を深めることを意味しますが、〔運命の輪〕空に関すること、〔正義〕法律関係、〔太陽〕子どもに関すること、〔塔〕建築関係など、職種についても読むことができます。

POINT 18

今後の恋愛運を占う

全78枚を使用

　これからどんな恋をするのか、恋愛運の特徴は？　何か心がけるべきことはあるのか？　恋のチャンスやタイミングなど、具体的なことを知りたいときは、全78枚を使用することで絞り込むことができます。

占目例

今、異性の友達はいますが、特定の相手はいません。新しい出会いはあるのでしょうか？　恋人はいつできますか？（30代♀）

展開例

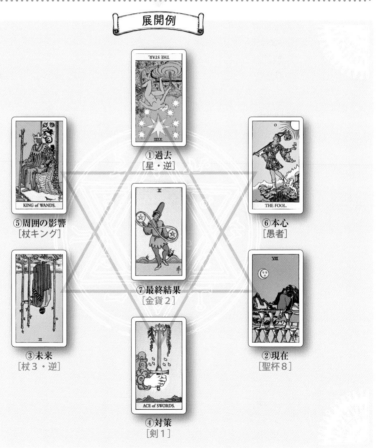

①過去
[星・逆]

⑥本心
[愚者]

⑤周囲の影響
[杖キング]

⑦最終結果
[金貨2]

②現在
[聖杯8]

③未来
[杖3・逆]

④対策
[剣1]

第Ⅳ章　夢を実現するヘキサグラムスプレッド

リーディングのコツ

大アルカナが出現したポジションが、リーディングの核となります。出会いの時期についての相談なので、タロットで一般的に出るとされる4〜6ヶ月くらい先までを表していると考え、具体的な時期を読み解きます。

▼

大アルカナ［星・逆］は、「高い理想が出会いを遠ざけている」と読める。

▶①過去［星・逆］
理想に叶う人がいない。理想が高い。恋に対する憧れ。

▶⑤周囲の影響［杖キング］
社会的地位のある年上男性との、出会いの可能性。

▶②現在［聖杯8］
何かに対する興味がなくなり、新しいものに興味を持つ。

▶⑥本心［愚者］
束縛されない自由な生活を大切にしたいと思っている。

▶③未来［杖3・逆］
恋への憧れはあるが、出会いに対して疎遠になっている。

▶⑦最終結果［金貨2］
こまめなコミュニケーションにより、親密な関係になる。

▶④対策［剣1］
出会いに対して合理的に考え、新しい出会いを求める。

 プラスアルファ
⑦最終結果の［金貨2］の2は、二つのものとの関わりを示す。

▼

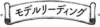**モデルリーディング**

　恋人に対して高い理想を持っています［星・逆］。恋人を求めつつも、自分を大切にしており、束縛されるようなことは避けたいのが本心です［愚者］。

　相談者は、恋ができないと諦めかけているし［聖杯8］、そのような心境のままではこれからも出会いに恵まれないと出ています［杖3・逆］。

　それでも、この先半年くらいの間には、良い出会いが訪れます［金貨2］。恋人にまで発展できるかどうかは相談者次第ですが、カリスマ性のある年上の男性のようです［杖キング］。

　出会いを生み、活かしていくためにも、まず何より相談者が新しい出会いに積極的になり、人間関係を切り拓くことが大切です［剣1］。

ルナの開運アドバイス
⑦最終結果が望む未来を示していないとき、④対策から打開策を読みましょう。④対策は、望む未来を引き寄せるための対策なので、占いを通じて開運を目指すとき、リーディングの核になります。

POINT
19

具体的な金運の流れを占う

小アルカナ金貨スート14枚を使用

　金運を占うとき、タロットカードは絵で表現されているため抽象的なリーディングになりがちです。できるだけ具体的に読みたいときは、金貨のカードのみで占うとよいでしょう。もちろん、全78枚で占うこともできます。

占目例

　現在会社に勤めていますが、小遣い稼ぎに投資をしています。今月、来月の金運はどうなるでしょうか？（50代♂）

展開例

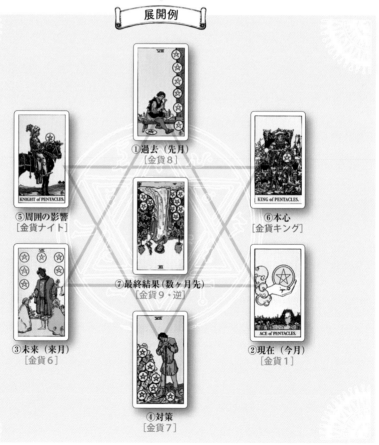

①過去（先月）
［金貨8］

⑤周囲の影響
［金貨ナイト］

⑥本心
［金貨キング］

⑦最終結果（数ヶ月先）
［金貨9・逆］

③未来（来月）
［金貨6］

②現在（今月）
［金貨1］

④対策
［金貨7］

〔リーディングのコツ〕

カード全体の正逆から、金運の良し悪しを読み解いていくとよいでしょう。［金貨2］［金貨5］［金貨7］は金銭に対する問題を示すカードなので、それが出ているポジションに注意してリーディングしましょう。

▽

正位置が多く、投資は順調。［金貨7］はお金に対する悩みを示す。

▶①過去（先月）［金貨8］
堅実な投資を続けることにより、少しずつ利益を得ていた。

▶②現在（今月）［金貨1］
まとまった利益を得る。もしくは、まとまったお金を投資する。

▶③未来（来月）［金貨6］
投資で順調に利益を得る。投資するとき。売りと買い。

▶④対策［金貨7］
良い結果が得られるとは限らないので、吟味して投資すること。

▶⑤周囲の影響［金貨ナイト］
投資をしている自信からの影響で、堅実な考えを持てる。

▶⑥本心［金貨キング］
利益を上げて、不労所得で生活したいと思っている。

▶⑦最終結果（数ヶ月先）［金貨9・逆］
利益を得るが、それにより贅沢になり、金銭欲が強まる。

＋α プラスアルファ
［金貨1］は夢が形になるという意味があり、小アルカナの吉札。

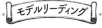

〔モデルリーディング〕

　展開されたカード7枚中6枚が正位置なので、投資は順調にいくことを暗示しています。相談者は、これまでの経験により投資に対する自信を持っています［金貨キング］。ちょうど今、堅実的な投資よりも［金貨8］、積極的に売り買いをしようと［金貨6］、新しい投資について考えています［金貨1］。

　しかし、投資した分、必ず利益が得られるわけではないので、慎重に考えるべきです［金貨7］。投資が上手くいくのはいいけれど、使い過ぎたり、お金に対する執着が強くなりそうです［金貨9・逆］。世間や周りの人の感覚に合わせると、堅実になるでしょう［金貨ナイト］。

ルナの開運アドバイス

具体的な時期について知りたいときは、展開する前に、各ポジションに時期や期間を設定しましょう。特に時間的な設定をしない場合は、一般的には4〜6ヶ月くらい先までの未来が現れやすいです。

第IV章　夢を実現するヘキサグラムスプレッド

POINT
20

仕事のチャンスをつかむには

　仕事運を占う場合に、いつが頑張り時なのか、どんなことが開運の鍵になるのかを知りたいとき、全78枚を使って占うとよいでしょう。大アルカナと小アルカナの出現の割合によって運命の特徴をつかむことができます。

占目例

入社して4ヶ月ですが、職場になじめず、なかなか仕事に慣れることができません。どうしたらよいでしょうか？（30代♀）

展開例

①過去
[金貨3・逆]

⑤周囲の影響
[杖1]

⑥本心
[杖4・逆]

⑦最終結果
[聖杯3]

③未来
[死神]

②現在
[杖8・逆]

④対策
[聖杯6]

第Ⅳ章

夢を実現するヘキサグラムスプレッド

出現した大アルカナと、出現したポジションをポイントとします。また、カードの正逆や、スート、数字、宮廷札などの出現率をチェックします。カード全体からのメッセージをつかみ、最終結果に向けてリーディングをまとめます。

未来［死神］をポイントとし、最終結果［聖杯3］に結びつくよう読み解く。

▶①過去［金貨3・逆］
会社組織になじめない。みんなバラバラで協力的でない。

▶⑤周囲の影響［杖1］
方向性は見えないが、新しいチャンスを与えてもらえる。

▶②現在［杖8・逆］
ゆっくりしか進展しない。なかなか仕事の効率が上がらない。

▶⑥本心［杖4・逆］
楽しくない。人の輪の中に入っていけない。心を閉ざしている。

▶③未来［死神］
仕事の意欲が低下し、辞めようと思う。人事異動。部署の移動。

▶⑦最終結果［聖杯3］
周りの人との分かち合い。仕事が成功して喜びを分かち合う。

▶④対策［聖杯6］
職場の人に対して心を開いて、友好的に関わること。

プラスアルファ
［金貨3］［聖杯3］と、数札3が2枚出現。3は結束を意味する。

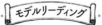

　相談者は、これまで所属している組織になじめず［金貨3・逆］、仕事の要領もつかめなかったため［杖8・逆］、自ら心を閉ざしてきたようです［杖4・逆］。

　しかし、そう遠くない将来に、変化は外からやってくるようです。それは相談者にとって、素敵なチャンスになるでしょう［杖1］。誰かが辞めるなどの、人事面での運命的な変化かもしれません［死神］。

　そのとき、相談者が心を開いて周囲の方と友好的に関われるかどうかがターニングポイント［聖杯6］。職場の方々と成功を分かち合い、互いに喜び合っている様子が見えています［聖杯3］。勇気をもって、職場の方々と打ち解けることが大切です。

ルナの
開運
アドバイス

この占いには、剣のスートがありません。それは、相談者の意志力や社交的な要素が欠けていることを意味します。積極的にコミュニケーションを取るよう、アドバイスしてもよいでしょう。

第Ⅳ章　夢を実現するヘキサグラムスプレッド

第Ⅴ章
全体運を見る
ホロスコープスプレッド

✳ ホロスコープスプレッドの展開法 ✳

　13枚という展開札が多いスプレッドで、全体運を詳しく知ることができます。
一定期間を定めて全体的な運勢を見たり、一つの事柄を多角的に読んだりして、
ポジションの意味を占目によって自由に設定できる万能スプレッドです。

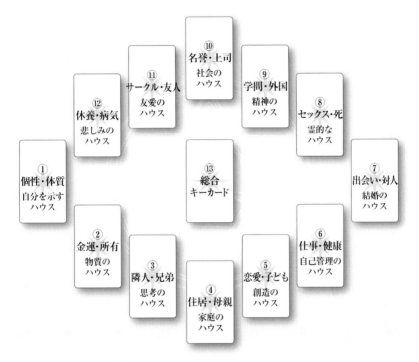

⑩ 名誉・上司　社会のハウス
⑪ サークル・友人　友愛のハウス
⑨ 学問・外国　精神のハウス
⑫ 休養・病気　悲しみのハウス
⑧ セックス・死　霊的なハウス
① 個性・体質　自分を示すハウス
⑬ 総合　キーカード
⑦ 出会い・対人　結婚のハウス
② 金運・所有　物質のハウス
⑥ 仕事・健康　自己管理のハウス
③ 隣人・兄弟　思考のハウス
⑤ 恋愛・子ども　創造のハウス
④ 住居・母親　家庭のハウス

ポジション（ハウス）の意味

①自分・個性・体質・性格的要素・顕在意識
②金運・所得・所有・お金の稼ぎ方や使い方
③思考・隣人・兄弟・旅行・コミュニケーション・学習・初等教育
④家族・住居・母親（両親）・墓
⑤恋愛・子ども・勝負事・スポーツ・芸術・投資・自己表現
⑥仕事・健康・労働・職場・部下・ペット・自己管理
⑦出会い・対人関係・結婚・パートナー・契約・社交性
⑧セックス・死・遺産と相続・手術・異性運・先祖
⑨学問・外国・マスコミ・宗教・法律・高等教育・遠方旅行
⑩名誉・上司・社会運・会社組織・地位・天職・父親・社長
⑪サークル・友人・希望・団体・SNS・コミュニティ・趣味
⑫休養・病気・ボランティア・隠れた敵・引退・潜在意識
⑬総合・キーカード…全体的な運勢を総評するカード。ポジションを超えた視点からのメッセージ。

①～⑫のポジションは、西洋占星術の12のハウスに対応しており、各々に特有の意味が潜んでいます

POINT
21

人生のテーマを占う

大アルカナ22枚を使用

　ホロスコープスプレッドを用いると、人生のいろいろな側面を一つのスプレッドで占うことができます。全体運を知りたいときや、相談が漠然としているときによいでしょう。もちろん、全78枚で占うこともできます。

占目例

私の運命って、どんなものなんでしょうか？　人生のテーマについて占ってください。（大学生♀ 父母と兄の4人家族）

展開例

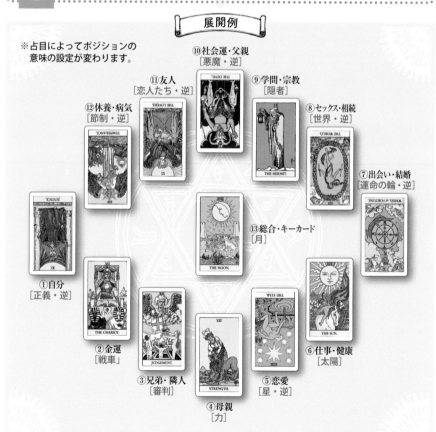

※占目によってポジションの
　意味の設定が変わります。

⑩社会運・父親
[悪魔・逆]

⑪友人
[恋人たち・逆]

⑨学問・宗教
[隠者]

⑫休養・病気
[節制・逆]

⑧セックス・相続
[世界・逆]

⑦出会い・結婚
[運命の輪・逆]

⑬総合・キーカード
[月]

①自分
[正義・逆]

②金運
[戦車]

③兄弟・隣人
[審判]

④母親
[力]

⑤恋愛
[星・逆]

⑥仕事・健康
[太陽]

第Ⅴ章　全体運を見るホロスコープスプレッド

╼┥リーディングのコツ┝╾

運勢の特徴をつかむために、まず正逆をチェックします。人生を象徴する⑬総合を参考にしながら、アングルハウス（主要な四つ角）の①自分、④家族、⑦結婚、⑩社会運を軸に、相談者の気になるテーマから読み解くとよいでしょう。

アングルハウスは３枚が逆位置なので、慎重な性格を象徴している。

▶①自分［正義・逆］
自分の意志を示したり、分かってもらうことが下手。優柔不断。

▶②金運［戦車］
お金を稼ぐ能力は高い。お金に関することでは、思い通りになる。

▶③兄弟・隣人［審判］
気づきを与えてくれる人。見守ってくれている。強い絆。

▶④母親［力］
パワフルな母親。家は母親の力で上手くいっている。

▶⑤恋愛［星・逆］
魅力をアピールすること。恋は、なかなか友達以上に進まない。

▶⑥仕事・健康［太陽］
仕事を通して、自分の才能を知る。健康で元気で活動的。

▶⑦出会い・結婚［運命の輪・逆］
なかなかパートナーが見つからず、結婚は遅めになりそう。

▶⑧セックス・相続［世界・逆］
女性として、まだまだ自分を磨いて成長することが必要。

▶⑨学問・宗教［隠者］
納得いくまで物事を追求する。信仰心や高い精神性を持つ。

▶⑩社会運・父親［悪魔・逆］
父親からの強い支配。会社では、上司との関係に悩みそう。

▶⑪友人［恋人たち・逆］
友達との交流は、気分転換によい。軽いつき合いがよい。

▶⑫休養・病気［節制・逆］
疲れを癒す時間を取れない。なかなかリラックスできない。

▶⑬総合・キーカード［月］
自信がなくて悩みやすいが、諦めないで続けると、道が開ける。

プラスアルファ
＋α　半数近くが逆位置なので、相談者の迷いやすい性格が表れている。

╼┥モデルリーディング┝╾

　相談者は、迷うことが多く、優柔不断なところがあります［正義・逆］。お父さんの力が強いせいか、自分の意志をはっきり示せないようです［悪魔・逆］。
　恋愛［星・逆］、結婚［運命の輪・逆］、セックス［世界・逆］など、異性に対しては消極的になりがちですが、運勢は悪くありません。
　収入面で不安はありませんし［戦車］、才能を活かした仕事に就けそうですので［太陽］、諦めずに自分を見つめていくことで運が開けます［月］。

ルナの
開運
アドバイス

［悪魔］以外のカードは、黄色や青色の背景が多く、穏やかで明るい印象。逆位置が多くても、色彩が与える印象を意識し（P72・POINT30 参照）、ネガティブなリーディングになり過ぎないようにしましょう。

第Ⅴ章　全体運を見るホロスコープスプレッド

全体運から仕事運を読む

大アルカナ22枚を使用

　仕事運を読む場合に、家族や子ども、恋愛や趣味とのバランスなど、仕事以外の要素を考慮したいとき、ホロスコープスプレッドを使うとよいでしょう。全78枚で占うことも可能です。

占目例

　仕事運を占ってください。私が仕事を頑張ることによって、子どもや家庭生活に与える影響も気になります。(40代♀ 既婚)

展開例

※占目によってポジションの意味の設定が変わります。

⑩社会運・上司[魔術師]
⑪友人[力]
⑨学問・宗教[戦車・逆]
⑧セックス・相続[愚者・逆]
⑫休養[死神]
⑦配偶者[正義]
⑬総合・キーカード[女司祭長]
①自分[吊られた男・逆]
②金運[女帝]
③隣人[塔・逆]
④家族・住居[法王・逆]
⑤子ども[皇帝]
⑥仕事[星]

第Ⅴ章　全体運を見るホロスコープスプレッド

①自分と⑬総合が、運勢を読む基礎となります。相談者が関心を寄せているテーマの、②金運、④家族、⑤子ども、⑥仕事、⑦配偶者、⑩社会運のハウスを読んで、運勢をつかむとよいでしょう。

仕事と家庭を示す場所に凶札がないことから「概ね上手くいく」と読む。

▶①自分［吊られた男・逆］
我慢強い性格だが、我慢の限界にきている。自分を制限している。

▶②金運［女帝］
仕事をすることによって、経済的に潤う。経済的に満足できる。

▶③隣人［塔・逆］
隣人トラブルに注意。問題に巻き込まれるかも。言葉に注意。

▶④家族・住居［法王・逆］
家事などの仕事がいい加減になる。家族の結束感が弱まる。

▶⑤子ども［皇帝］
子どもが家庭の中心。子どもは、能力を拡大させ成長していく。

▶⑥仕事［星］
仕事の能力を評価され、認められる。女性も働きやすい職場。

▶⑦配偶者［正義］
お互いに理解し合い、認め合うパートナー。結婚生活の調和。

▶⑧セックス・相続［愚者・逆］
相続などの問題はない。セックスレスになりやすい傾向。

▶⑨学問・宗教［戦車・逆］
信仰に走っても、納得する答えは出ない。資格の勉強は進まない。

▶⑩社会運・上司［魔術師］
新しい仕事のチャンス。仕事に対する良い評価。新しい上司。

▶⑪友人［力］
友達との良好な関係。自分が納得のいくつき合いができる。

▶⑫休養［死神］
休養や一人になる時間が取れない。病気になると長引く。

▶⑬総合・キーカード［女司祭長］
物事に対して受動的。思いやりがある。仕事をする母として、理想的。

プラスアルファ

 ＋α　仕事運の⑥［星］、⑩［魔術師］は、「アイデアを活かすことで吉」と読める。

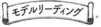
モデルリーディング

　家庭と仕事の両立で、気持ちの上ではいっぱいいっぱいです［吊られた男・逆］。でも、仕事面では「クリエイティブなアイデアがあふれ発展する」と出ています［星］［魔術師］。
　相談者が頑張り過ぎることで家族の絆が薄れる面もありますが［法王・逆］、子どもはしっかりと成長していくので、心配はありません［皇帝］。
　無理に現状を変えようとせず、今のままのスタイルを続けていくとよいでしょう［女司祭長］。隣人とのトラブルに注意すると［塔・逆］、概ね上手くいきます。

ルナの開運アドバイス

⑬総合を開運的に読むなら、仕事と家庭の両立に大きな問題がないことを基軸にして、あえて注意点を明確に助言することもあります。この場合、凶札［塔］の近隣トラブルを警告します。

第Ⅴ章　全体運を見るホロスコープスプレッド

POINT
23

一年間の全体運を占う

全78枚を使用

人生の大きなテーマを読むときは、大アルカナのみを使う方が運命の流れをつかみやすいのですが、決められた期間内の運勢の場合は、全78枚で占うことで、人生の重要な局面がどこであるかを知ることができます。

占目例

新年はどんな年になりますか？　仕事と家族のことが気になりますが、両親のことも気がかりです。（30代♂ 既婚）

展開例

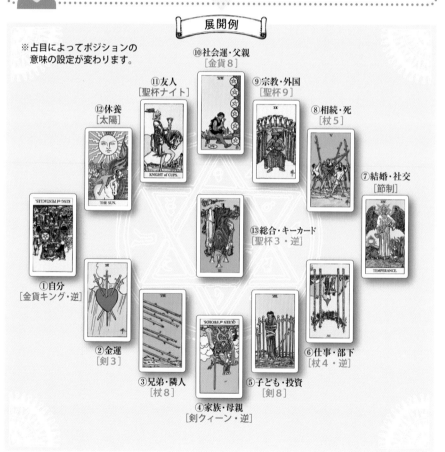

※占目によってポジションの意味の設定が変わります。

⑩社会運・父親 [金貨8]
⑪友人 [聖杯ナイト]
⑨宗教・外国 [聖杯9]
⑧相続・死 [杖5]
⑫休養 [太陽]
⑦結婚・社交 [節制]
①自分 [金貨キング・逆]
⑬総合・キーカード [聖杯3・逆]
②金運 [剣3]
③兄弟・隣人 [杖8]
④家族・母親 [剣クィーン・逆]
⑤子ども・投資 [剣8]
⑥仕事・部下 [杖4・逆]

第Ⅴ章　全体運を見るホロスコープスプレッド

■ リーディングのコツ

全体運をつかむための重要なハウスである①自分と⑬総合で、運勢の特徴を把握し、相談者が興味のあるテーマから読み取っていきます。特に、大アルカナが出現したハウスに人生の大きなテーマがあります。

アングルハウス⑦の大アルカナ［節制］が「結婚生活の充実」と読める。

▶①自分［金貨キング・逆］
食べ過ぎなどで太りやすい。成人病に注意。傲慢になりがち。

▶②金運［剣3］
自分の意識に反する痛い出費。お金にまつわるトラブル。

▶③兄弟・隣人［杖8］
意見交換やコミュニケーションは吉。兄弟または隣人との交流が盛ん。

▶④家族・母親［剣クィーン・逆］
家では妻が仕切っている。母親の体調に関する悩みがある。

▶⑤子ども・投資［剣8］
投資は控え目に。子どもの気持ちが分からない。

▶⑥仕事・部下［杖4・逆］
問題はないが、変化のない職場。部下が心を閉ざしている。

▶⑦結婚・社交［節制］
配偶者との関係が良く、愛が深まる。社交的な交流も順調。

▶⑧相続・死［杖5］
死は暗示されていないが、相続問題が生じるともめる可能性あり。

▶⑨宗教・外国［聖杯9］
信仰により心が穏やかになる。満足できる外国旅行。

▶⑩社会運・父親［金貨8］
コツコツと仕事を続けて来た信頼がある。安定した仕事運。

▶⑪友人［聖杯ナイト］
友達とのつき合いは順調で、趣味などを楽しんでいる。

▶⑫休養［太陽］
リラックスできる時間を持つことが、健康の秘訣。休みの日の喜び。

▶⑬総合・キーカード［聖杯3・逆］
はめの外し過ぎに注意。楽しいけれど無駄も多い年。

プラスアルファ
+α　［杖8］［剣8］［金貨8］と、3枚の数札8。継続と社会的成功を示す。

 モデルリーディング

　仕事面では順調ですし［杖4・逆］［金貨8］、立場がゆらぐこともないでしょう（数札8・3枚）。ただ、自分の思いのままに活動するあまり、行き過ぎたり［金貨キング・逆］、無駄遣いをしたり［剣3］［聖杯3・逆］しがちなので少し控えましょう。
　夫婦の間柄は順調で、微笑ましい状況が目に浮かびます［節制］。母親の体調に気を配りながらも［剣クィーン・逆］、休日などにこれまで見落としがちだったところに目を向ければ、新しい喜びを発見することができるでしょう［太陽］。

ルナの
開運
アドバイス

正位置が多く、凶札も少ないので、順調な一年と言えます。⑫休養に出現した吉札［太陽］は、幸運や喜びが隠れていることを示しますが、形のないものや見えないものに喜びや幸せがあると解釈します。

第V章　全体運を見るホロスコープスプレッド

恋はどこからやって来る？

全78枚を使用

　ホロスコープスプレッドは、出会い運など、ある一つのテーマに関して、日常のどんなシーンでチャンスがあるかを細かく探るのに向いています。さらに時期を占うためには、オプショナルスプレッドを使います。

占目例

　未来の恋について、占ってください。どこで、どんなふうに、どんな人と出会いますか？そして、それはいつ頃でしょうか？（30代♀）

展開例

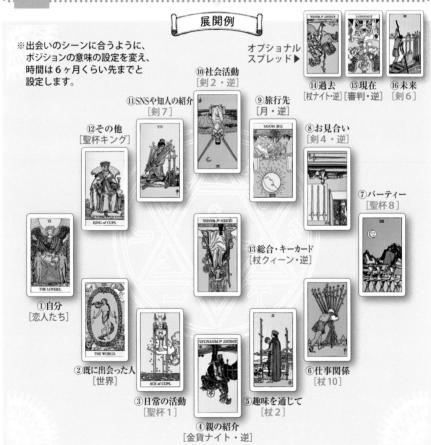

※出会いのシーンに合うように、ポジションの意味の設定を変え、時間は6ヶ月くらい先までと設定します。

オプショナルスプレッド▶

⑭過去
[杖ナイト・逆]
⑮現在
[審判・逆]
⑯未来
[剣6]

⑩社会活動
[剣2・逆]

⑪SNSや知人の紹介
[剣7]

⑨旅行先
[月・逆]

⑧お見合い
[剣4・逆]

⑫その他
[聖杯キング]

⑦パーティー
[聖杯8]

⑬総合・キーカード
[杖クィーン・逆]

①自分
[恋人たち]

⑥仕事関係
[杖10]

②既に出会った人
[世界]

③日常の活動
[聖杯1]

⑤趣味を通じて
[杖2]

④親の紹介
[金貨ナイト・逆]

第Ⅴ章　全体運を見るホロスコープスプレッド

リーディングのコツ

⑬総合から恋愛運を読み、①は相談者自身へのアドバイスとして読むとよいでしょう。人生のどんな側面で恋のチャンスがあるのかは、影響力の強いカードである大アルカナ→宮廷札→Ace（数札1）の順で、出現ハウスをチェックします。

アングルハウス①［恋人たち］は、強い恋愛運を象徴している。

▶①自分［恋人たち］
自分が積極的になることで恋を引き寄せる。若々しさが大切。

▶②既に出会った人［世界］
素敵な出会いがあったが、既に結果が出て完結している。

▶③日常の活動［聖杯1］
通勤や行きつけのお店や場所で、恋愛が始まるチャンスあり。

▶④親の紹介［金貨ナイト・逆］
親の薦める人は、真面目で働きものだが、見た目がイマイチ。

▶⑤趣味を通じて［杖2］
出会いがあったとしても相手との間に距離がある。親しくなれない。

▶⑥仕事関係［杖10］
忙しくて恋愛する余裕はない。仕事仲間は恋愛対象として見れない。

▶⑦パーティー［聖杯8］
出会いのパーティーに参加しても、興味を持つ相手とは出会えない。

▶⑧お見合い［剣4・逆］
良い話はないかと祈るが、お見合い話に対しては消極的。

▶⑨旅行先［月・逆］
外国人との出会いの可能性。つき合いと共に迷いが解ける。

▶⑩社会活動［剣2・逆］
相手の地位や職業で選ぶよりも、フィーリングが合う人がよい。

▶⑪SNSや知人の紹介［剣7］
友達としてつき合っている人が気になっても、深く関わらない。

▶⑫その他［聖杯キング］
病院など予想外の場所で出会う。医療関係者や芸術家。

▶⑬総合・キーカード［杖クィーン・逆］
魅力的だが、既婚者のような落ち着きがある。自己アピールが大事。

▶⑭過去［杖ナイト・逆］
過去に出会った人やつき合った人を忘れられず、前に進めない。

▶⑮現在［審判・逆］
別れた彼、終わった恋との決別。結婚する決心と覚悟が大切。

▶⑯未来［剣6］
過去からふっ切れて、新しい出会いを求める。新しい恋へと進む。

モデルリーディング

　相談者は、過去の恋愛を引きずっています［世界］［杖ナイト・逆］。妙に達観したようなところが［杖クィーン・逆］、新しい出会いを妨げています。
　この先、数ヶ月から半年くらいの間に良い出会いがありそうです。新しい恋を信じて［剣6］、若々しく魅力を出してください［恋人たち］。身近なところや［聖杯1］、病院など意外な場所で［聖杯キング］、出会いが期待できそうです。

ルナの開運アドバイス

各ハウスの意味を理解し、相談に応じて意味の設定を変更することで、占う期間やさまざまな相談に対応可能です。さらにオプショナルスプレッド（P79参照）を使うことで、具体的な要素を知ることができます。

第Ⅴ章　全体運を見るホロスコープスプレッド

心身のエネルギーを読む

〔 小アルカナ56枚を使用 〕

　各ハウスは身体の部位にも対応しています。78枚で占うことも可能ですが、小アルカナのみで占うこともできます。剣は傷つくことや痛みを意味するスートなので、剣のスートが出たポジションに注目するとよいでしょう。

〔 占目例 〕

現在のところ身体で特に悪いところはありませんが、年齢的にも健康でいられるかが心配です。健康運を占ってください。（60代♀）

〔 展開例 〕

※ポジションの意味を、
　各ハウスが持つ、身体
　の部位に設定します。

⑩皮膚・歯・膝
［金貨9・逆］

⑪血行・ふくらはぎ
［杖9］

⑨肝臓・大腿部
［剣9］

⑫足・潜在意識
［聖杯4・逆］

⑧生殖器・泌尿器
［剣ナイト］

⑦腰・腎臓
［聖杯ペイジ・逆］

⑬総合・キーカード
［聖杯7］

①頭部
［聖杯2・逆］

②耳・鼻・首
［金貨4］

③肩・腕・肺
［杖6・逆］

④乳房・胃
［剣8］

⑤心臓・背中
［剣1・逆］

⑥腸
［杖7・逆］

⑬［聖杯7］は、全体的な健康を示しています。剣のスートが出ている④胃、⑤心臓、⑨肝臓は、エネルギーが低下している身体の部位と読みます。逆位置の出ている部位は、エネルギーが停滞していることを意味します。

逆位置や剣の出現で判断するので、詳しいリーディングは必要ない。

▶①頭部［聖杯2・逆］
エネルギーの停滞。目など、二つある部位に注意。

▶②耳・鼻・首［金貨4］
エネルギー状態は良好。

▶③肩・腕・肺［杖6・逆］
エネルギーの停滞により、活動能力が低下している。

▶④乳房・胃［剣8］
エネルギーの低下。悩みから胃の調子を悪くする可能性。乳房にも注意。

▶⑤心臓・背中［剣1・逆］
エネルギー低下と停滞。自信や意志の力が低下しやすい。

▶⑥腸［杖7・逆］
腸のエネルギーが停滞。活力が湧きにくい。

▶⑦腰・腎臓［聖杯ペイジ・逆］
腰部あたりのエネルギーが停滞。冷えに注意。

▶⑧生殖器・泌尿器［剣ナイト］
エネルギーの低下。不調を実感し、治療すると改善される。

▶⑨肝臓・大腿部［剣9］
エネルギーの低下。休養や静養を取ることが必要。

▶⑩皮膚・歯・膝［金貨9・逆］
エネルギーの停滞。美しく見えるように、お金をかけるとよい。

▶⑪血行・ふくらはぎ［杖9］
エネルギー状態は良好。

▶⑫足・潜在意識［聖杯4・逆］
エネルギーの停滞。漠然とした不安を持つ。物忘れに注意。

▶⑬総合・キーカード［聖杯7］
全体的なエネルギー状態は良好。夢が自分に活力を与える。

プラスアルファ
＋α 健康占いで［女帝・逆］［女司祭長・逆］［剣8］［剣9］は、女性の病気を示す。

モデルリーディング

相談者は、漠然と健康に不安が出てくる年齢です。そのために気分的にもすぐれないのでしょう［聖杯4・逆］。ただ、検査などで現実的には把握されていないようなので、医療機関の健康診断を受けて、不安を解消することをお勧めします。
　心臓や背中の不調は、自信や前向きな意思力の低下を招きそうです［剣1・逆］。また、女性特有の病気に注意しておいてください［剣8］［剣9］。
　けれど、今は何より、夢を持って前向きに生きることが大切です［聖杯7］。

ルナの開運アドバイス

健康占いは、診断ではないことを意識しましょう。全身のエネルギーではなく、特定の病気について見る場合は、ヘキサグラムスプレッドなど、一つの事柄を深く読めるスプレッドで占うとよいでしょう。

第Ⅵ章
タロット占いの達人
になるコツ

✦ タロット占いの達人になるコツ ✦

カード全体からの視点でピックアップしてみると、一枚一枚の意味を覚えるだけでは見えてこない、とても重要なポイントが明確に分かってきます。実占におけるさまざまな展開での、応用的な解釈が可能になるでしょう。

▼

逆位置を上手く読み解く	時期を知りたいとき	全78枚で占うときの優先順位	象徴が告げるメッセージ
色彩が告げるメッセージ	数が示すメッセージ	幸運を告げるカード	警告するカード
全体を俯瞰して読む	オプショナルスプレッドの使い方	相性の吉凶はスートで見る	ポジションによる宮廷札の読み方

カード全体から見た、読み方のポイントをマスターしよう

展開されたカード全体からの印象をつかむ

上手く読むための基本的なコツは、展開されたカード全体からの印象を読み取ることです。ヒントになるのは、カードの正逆、大アルカナの出現、スートのバランス、共通する数、特徴的な色などです。レイアウトポジションを超えて、カード全体に共通するメッセージを探っていきましょう。

逆位置を上手く読み解く

　逆位置のカードは、正反対の意味になると捉えがちですが、正位置の意味が変化するというよりは、躊躇する心理状態や、行動や活動ができずにいる状態を示します。逆位置の意味に特徴のあるカードを紹介します。

1 正位置の意味の過剰か不足

正位置の意味が、過剰か不足となり問題が生じます。［戦車・逆］は、力不足で「負け」となるか、力み過ぎて「強引に勝つ」となります。

▶

［戦車・逆］　　［剣ペイジ・逆］　［聖杯9・逆］　　［杖4・逆］

2 時間的な停滞を意味する

正位置の意味が現れるのに、時間がかかることを意味します。［運命の輪・逆］は、「成功するには時間がかかる」となります。

▶

［運命の輪・逆］　［杖8・逆］　　［剣6・逆］　　［金貨1・逆］

3 視点が変わって好転する

［月］は悩みを意味しますが、［月・逆］は、悩みからの解放となります。状況に対する意識の変化により、好転するのです。

［月・逆］　　　　［聖杯4・逆］　　　　［聖杯5・逆］

実占のコツ

逆位置は、「意識の変化で正位置に変わる」と考えてください。そのため、厳密な読み分けが重要ではなく、読みにくいときは正位置で解釈しても構いません。

ルナの
ワンモア
アドバイス

逆位置の意味を肯定的に考える場合もあります。例えば［節制・逆］が対策に出て結果が吉札のときは「ルーズな仕事でよい」と読みます。

時期を知りたいとき

　タロット占いで時期を知りたい場合は、占う前にポジションごとに期間設定をしたり、カードの性質に合せて期間設定をしたりします。そのほか、カード一枚一枚に潜む意味を理解することで、時期を調べます。

1 ポジションごとに設定

「過去・現在・未来」を、「先週・今週・来週」や「先月・今月・来月」と設定。ただし大アルカナは、設定を超えて影響します。

過去
↓
先週
先月
など

現在
↓
今週
今月
など

未来
↓
来週
来月
など

2 スートやカードの質で読む

［杖］［剣］［聖杯］［金貨］の順に期間が長くなります。［塔］は一瞬、［吊られた男］は長期間を意味するなど、カードによっても違います。

早い← 　（例：時間…日…週…月…年など）　 →遅い

3 数札で時期を読む

数札4なら、4日後・4週間後・4ヶ月後・4年後や、4・14・24 日など4のつく日や、22・31 日など足して4になる日とします。

例：［杖4］

4 宮廷札と大アルカナ

ペイジは11、ナイトは12、クィーンは13、キングは14を示し、19［太陽］など、2桁の大アルカナの場合、1＋9＝10 も考慮します。

例：［太陽］

実占のコツ

期間設定をしなかった場合、過去は数ヶ月前、現在は1ヶ月前後、未来（近い未来）は2～4ヶ月位先まで、最終結果（遠い未来）は4～6ヶ月位先までを示します。

ルナのワンモアアドバイス　タロット占いでは心理的な時間が現れますので、時期を明確に知りたいときは、生年月日に基づいた占いを併用することもおススメです。

第Ⅵ章　タロット占いの達人になるコツ

全78枚で占うときの優先順位

　全78枚で占うときは、大アルカナが出たポジションが核となります。次に宮廷札→Ace（数札1）の順に重要となります。そうするとポジションに優先順位をつけて読むことができ、運命の強弱やテーマが明確になります。

1 大アルカナは運命的な事柄

大アルカナは魂の成長を示し、1から順に21、そして0と、成長度合いを深め、より高次の視点からのメッセージを啓示します。

［1 魔術師］　　［8 力］　　［15 悪魔］　　［0 愚者］

2 宮廷札は人格的特徴

宮廷札は人格的特徴や、関わる人、人間関係を示します。社会的状況に合わせて変わる個性を表現します。

［ペイジ］　　［ナイト］　　［クィーン］　　［キング］

3 Ace は始まりの暗示

Ace（数札1）は、神の手が描かれ、霊的な働きを示します。高次の世界から何かがもたらされ、新たな始まりを暗示します。

［Ace］

4 数札は出来事や心理

数札は、大アルカナの魂のメッセージや宮廷札の人格活動を通した結果としての、心理状態や具体的な出来事を示します。

実占のコツ

大アルカナが多く出現している占いは、人生に大きく影響する課題と言えます。1枚も出ないときは、逆に人生に影響力が少ないテーマとして読みます。

ルナのワンモアアドバイス
スプレッドの中にたくさんの宮廷札が出現すると、その占目に相談者の中のいろいろな個性が現れていることを意味し、混乱状態を示します。

象徴が告げるメッセージ

　タロットカードに描かれた絵の中には、神からの啓示や魂の声、心理状態や出来事など、さまざまな人生の真理が込められています。同じ象徴が描かれたカードが出たときは、共通するメッセージを伝えています。

1 人物の性別

男性は能動的で活動的な質を、女性は受動的で受容的な質を示します。男女が描かれたカードは、その両方の性質を示します。

［聖杯2］

2 人物の姿勢

人物の姿勢は、活動状態を表しています。立っている姿は行動できる状態を、座っている姿は動かないことを意味します。

［杖7］

3 二つの柱

［女司祭長］［法王］［正義］［死神］［月］などに描かれる二つの柱は、異世界への門を示し、神聖な世界との接触を意味します。

［死神］

4 水や水辺

［杖3］［聖杯5］［剣2］［剣3］［剣6］［金貨2］など、多くのカードに描かれた水や水辺は、心理の情緒的な要素を表します。

［剣2］

5 ブドウなどの果物や作物

［女司祭長］［女帝］［悪魔］［杖4］［聖杯3］［金貨7］［金貨9］［金貨キング］などの実りの象徴は、繁栄や結果を意味します。

［金貨9］

6 動物

［力］のライオン、［悪魔］の角と尾を持つ人間、［月］の犬と狼、［ナイト］の馬は、人の持つ動物的な本能や意識を示します。

［力］

実占のコツ

カード一枚一枚の意味以外にも、カードの隅に描かれた象徴が、悩みなどを示している場合もあります。カードの絵、全体を眺めてリーディングしましょう。

**ルナの
ワンモア
アドバイス**
［恋人たち］［節制］［審判］の天使のカードは、神の摂理を意味し、霊的な導きを暗示します。事柄に対し、神秘的なサポートが期待できます。

第Ⅵ章　タロット占いの達人になるコツ

色彩が告げるメッセージ

　タロットカードに使われている色彩も、メッセージを伝えています。色は光のエネルギーで、可視光線と呼ばれる波動です。レイアウトされたカードの色彩の特徴から、メッセージを読み解いていきましょう。

1 空色　Blue

空に天国があることから、空色は神聖な色を示します。空色は神秘的な力や権威、冷静で穏やかな心を表現します。

[世界]

4 赤色　Red

赤は、火を連想させる色であることから、エネルギーや情熱を象徴します。また、魔除けや純粋無垢な質を意味します。

[正義]

2 黄色　Yellow

金貨や果実の黄色は実りや豊かさを、背景色に使われている黄色は光を示し、知恵や神の祝福を意味します。

[金貨9]

5 黒色　Black

色彩としての黒は、すべての光を吸収しています。光（神の導き）がない状態を象徴し、絶望、孤独、恐怖を意味します。

[剣9]

3 灰色　Gray

背景の灰色は、構図のメッセージを引き立てる意図と、情緒活動の停滞を示す意図で使われています。

[聖杯5]

6 緑色　Green

植物の緑色は自然を示し、リラックスを意味します。日常生活を継続する中で、ゆっくりと繁殖していくことを表しています。

[聖杯4]

実占のコツ

1枚のカードだけで色彩からのメッセージを読むというよりは、レイアウトされたカード全体の印象として、色彩からのメッセージをつかむとよいでしょう。

**ルナの
ワンモア
アドバイス**　上記で解説した色以外にも注意を向けてみましょう。白は無垢と明け渡し、茶色は大地の安定感、オレンジは活力や生きる喜びを示します。

数が示すメッセージ

　タロットカードに振られた数字は、時期を占うときに参考にしますが、数に込められた神秘のメッセージを知ることで、さらに深くカードを読み解くことができます。

1…神からのエネルギーの流出。新しい始まり。

2…神の力との分離と調和。陰陽。対になるもの。

3…三位一体や結束力。創造的表現。

4…四大要素が整い安定する。堅実。忍耐。制限。

5…可能性に向けての挑戦。多様性。創造性。五感。

6…陰陽の統合による調和。愛。真実。進む方向。正しさ。

7…神聖なサイクルの完了。神秘。思考。分析。

8…継続。積み重ね。社会的な権威。支配力。圧迫。

9…物質世界との別れ。霊的探求。個人的達成。

10 または 0 …次世代。達成。終わりと始まり。解放。手放し。

11 以降…11 は 1＋1＝2、20 は 2＋0＝2 などと考え、数の意味を把握する。

宮廷札の
ペイジは11、
ナイトは12、
クィーンは13、
キングは14と
考えます。

3 [女帝]　12 [吊られた男]　21 [世界]　[杖 3]　[剣 3]　12 [ナイト]

▲例えば数 3 なら、[吊られた男] [世界] [ナイト] も、3 のメッセージを持っています。
（1＋2＝3）

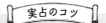

同じ数が 2 枚出現するとその数字の意味と関わり、3 枚出現するとその数字の質を想像的に使う、4 枚出ていると数字の質を完成する、と理解します。

ルナの
ワンモア
アドバイス

タロットカードの数の意味が理解できると、ウェイト版以外のデッキを使うときでも、そのカードの理解を助けてくれるでしょう。

第Ⅵ章　タロット占いの達人になるコツ

幸運を告げるカード

　タロットカードには吉札と凶札があります。吉札になるか凶札になるかは相談によっても変わりますが、特定の占いを行うとき、特に幸運を告げるカードがあります。そのカードが出現すれば、幸運を軸に読み解きます。

1 恋愛の幸運

恋愛に幸運をもたらすカードは、[恋人たち]、理想の男性は[戦車]、理想の女性は[星]が象徴します。

[恋人たち]　　[戦車]　　[星]

2 仕事の成功

社会的成功や物質的成功は、[皇帝]が最強。勝利は[戦車]や[杖6]、ビジネスの成功は[聖杯9]が示します。

[皇帝]　　[戦車]　　[杖6]　　[聖杯9]

3 家族の幸せ

[審判][聖杯10][金貨10]などの、家族が描かれているカードが象徴。家が描かれている[杖4]も家庭の幸せを示します。

[審判]　　[聖杯10]　　[金貨10]　　[杖4]

4 秘密に関する吉札

[女司祭長][隠者][剣2]は心の内に秘密を留めること、[吊られた男]は手の内を見せないこと、[悪魔]は潜伏を意味します。

[女司祭長]　　[隠者]　　[剣2]　　[吊られた男]

5 幸せな結婚

結婚運は［太陽］［世界］［聖杯1］［聖杯2］、再婚には［聖杯10］。［女帝］は、女性の幸せを象徴しています。これら同じカテゴリのカードが2枚以上出たら、結婚を暗示します。

［太陽］

［世界］

［女帝］

［聖杯1］

［聖杯2］

［聖杯10］

6 物質の豊かさ

金運は、基本的に金貨のスートで示され、吉札は［金貨1］［金貨4］［金貨9］［金貨10］［金貨キング］。大アルカナでは、［女帝］［皇帝］が物質的な豊かさを示します。

［金貨1］

［金貨4］

［金貨9］

［金貨10］

［金貨キング］

［女帝］

［皇帝］

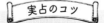

実占のコツ

吉札が出ていたら、そのカードを優先的に読みます。ポジションを越えて扱いますが、出ているポジションをチェックすることで幸運のありかが分かります。

ルナのワンモアアドバイス

［太陽］は吉札ですが、「秘密を守れるか？」という相談では、凶札となります。相談に応じて、吉凶が変わることに注意しましょう。

警告するカード

　78枚のカードの中には、幸福に導くカードもあれば、不運やアクシデントを意味するカードもあります。占目とカードの関係で、凶札が出たときは特に注意が必要です。カードの警告に耳を傾けましょう。

1 不倫や三角関係

[悪魔]や[塔]は、セクシャルな問題を抱えています。[月][剣3][聖杯3]は三角関係、[隠者]は秘密の恋を示します。女性の場合、浮気男を示す[聖杯ナイト・逆]にも要注意。

[悪魔]　　　　　[塔]　　　　　[月]

[剣3]　　　[聖杯3]　　　[隠者]　　　[聖杯ナイト・逆]

2 衰運や終わり

[死神][剣10]は終わりを示し、その前の数の[吊られた男][剣9]は衰運。[世界]も完了という意味で、終わりを示します。

[吊られた男]　　[死神]　　　[剣9]　　　[剣10]

3 秘密がばれる

[塔][審判][太陽]は秘密が暴かれるカードで、秘密を隠せない状態です。[恋人たち・逆]は、約束を守れないカードです。

[塔]　　　　[審判]　　　　[太陽]　　　[恋人達・逆]

4 別れや傷み

［死神］（マルセイユ版では大鎌を持っている）や、［剣1］［剣3］［剣10］などの剣のスートは、切ることを暗示し、別れや傷心、手術を意味します。

［死神］

［剣1］

［剣3］

［剣10］

5 心理状態の不安定

［月］［愚者］［聖杯7］は、夢想的で非現実的。［聖杯5］［剣2・逆］［剣9］は、心を閉ざしています。［剣3］［剣10］は、傷心を象徴しています。

［月］

［愚者］

［聖杯7］

［聖杯5］

同じカテゴリのカードが2枚以上出たら要注意

［剣2・逆］

［剣9］

［剣3］

［剣10］

6 金銭的な悩み

［悪魔］は借金や金銭苦を示し、［金貨2］［金貨7］はお金の悩みを示します。［金貨5］は、貧困を象徴しています。

［悪魔］

［金貨2］

［金貨7］

［金貨5］

実占のコツ

凶札が出たら、ポジションを確認して、どんな警告かを具体的に考えます。そのためには、事前に相談者の現状を確認し、心配事を把握しておくとよいでしょう。

ルナのワンモアアドバイス

凶札は、トラブルを忠告するカードです。カードの示す不運が現実となる前に、危機を意識し、どうすればよいかを考えましょう。

全体を俯瞰して読む

　タロット占いでスプレッドを展開したとき、一般的には各ポジションに設定された、さまざまな意味を具体的に読み解きます。しかし、ポジションに囚われず、全体像から読み取ることも重要です。

例：クロススプレッド→（P20・POINT 6 参照）

おつき合いして 1 年の彼がいます。彼は結婚についてどう考えているのでしょうか？ 私のことはどう思っているのでしょうか？（20代♀）

有利
…▶

②自分の気持ち
［法王］

不利
⋮▼

　［法王］と［世界］は結婚を示し、［死神］と［女司祭長］は結婚に消極的、［吊られた男］は現状維持。全体的には、結婚に有利なカード 2 枚、不利なカード 2 枚、現状維持 1 枚。結果として、現状維持となります。

④二人の過去
［死神］

不利
…▶

①二人の現在
［女司祭長］

現状
維持
…▶

⑤二人の未来
［吊られた男］

有利
…▶

③相手の気持ち
［世界］

実占のコツ

全 78 枚で占う場合は、まず正逆や大アルカナ、スートや数の出方などで全体像をつかみ、ポイントや結論のカードを押さえ、各ポジションを読むとよいでしょう。

**ルナの
ワンモア
アドバイス**

俯瞰することで場に出ていないカードを把握し、隠れたメッセージを読み取ります（例：P52・POINT20 では、剣のスートが出ていない）。

オプショナルスプレッドの使い方

　相談によって、既存のスプレッドでは充分に対応しきれないことがあります。その場合、既存のスプレッドに追加してオプショナルカードを用います。このアレンジを、オプショナルスプレッドと呼んでいます。

例：クロススプレッド→（P22・POINT7参照）

> 今まで女性とおつき合いしたことがありません。運命の人と出会うには、どうしたらよいですか？（20代♂）

②願望と恐れ
［魔術師］

⑥相手の人物
［剣ナイト・逆］

◀オプショナルカードを用いて
スプレッドをアレンジする

④過去
［塔・逆］

①現在
［女帝・逆］

⑤未来
［恋人たち］

オプショナルスプレッドを使うときは、展開前に使い方を決めてからレイアウトしましょう。展開後は、関連する新たな相談が出てきた場合にのみ使います。

③背景（環境など）
［星］

実占のコツ

オプショナルスプレッドでも対応しにくい場合は、オリジナルのスプレッドを創作するとよいでしょう。大切なことは、相手の相談に答え対処法を知ることです。

ルナの
ワンモア
アドバイス

ヘキサグラムスプレッドなど、形にエネルギーが宿るタイプのスプレッドは、オプショナルなどのアレンジは控える方がよいでしょう。

第Ⅵ章　タロット占いの達人になるコツ

相性の吉凶はスートで見る

　全78枚を使用したときでも、小アルカナのみの占いでも、スートから性質を知ることができます。そして相性占いの場合、「相手の気持ち」と「自分の気持ち」に出たカードのスートを比較することで、良し悪しを知ることができます。

例：クロススプレッドで相性を占う（全78枚使用）

SNSで毎日やり取りしている女の子がいます。彼女は僕のことをどう思っているのでしょうか？ つき合うことはできますか？（10代♂学生）

②自分の気持ち
［杖7・逆］

スートの相性	杖	聖杯	剣	金貨
杖	◎	▲	○	▲
聖杯	▲	◎	▲	○
剣	○	▲	◎	▲
金貨	▲	○	▲	◎

同じスートは相性が最良

◎

④二人の過去
［聖杯4］

①二人の現在
［聖杯2］

⑤二人の未来
［戦車・逆］

③相手の気持ち
［杖5］

実占のコツ

②自分の気持ち［杖7・逆］と、③相手の気持ち［杖5］に杖が出現。二人とも同じ杖のスート同士なので情熱的で気が合って、活気のある良い相性と言えます。

ルナの
ワンモア
アドバイス

⑤未来［戦車・逆］は、告白すると失敗しそう。二人は良い相性と読めますが、彼女［杖5］は友達として好きという気持ちのようです。

ポジションによる宮廷札の読み方

宮廷札は、A：当事者の個性や人格的特徴を示す場合、B：当事者が関わる相手を示す場合、C：心理状態や状況を示す場合があります。「相手の気持ち」に宮廷札が出たときは、特に何を示しているかを読み取ることが大切です。

例：クロススプレッドで相手の気持ちを占う（全78枚使用）

おつき合いが始まって 1ヶ月で、彼の本音がまだよく分かりません。彼は私のことをどう思っていて、交際は順調に進みますか？（20代♀）

②自分の気持ち
[魔術師・逆]

▶ ③相手の気持ち［金貨クィーン］は、
A：彼が堅実で保守的で思慮深い人物、
B：彼女のことをそのように思っている、
C：落ち着いた恋をしたいと思っている、
の3通りの読み方ができます。

④過去
[聖杯6]

①現在
[杖4・逆]

⑤未来
[杖キング・逆]

▶ ⑤未来［杖キング・逆］は、
A：相談者が交際の主導権を握る可能性、
B：彼が支配的になる可能性、もしくは第三者（年配男性）からの悪影響がある、
C：自身の自己中心的な考え方を示す可能性がある、
と読めます。

③相手の気持ち
[金貨クィーン]

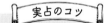
実占のコツ

宮廷札の読み分けは、占う前の現状確認が鍵になります。展開後も他のカードとの絡みから推測し、何を示しているのかを確認しながらリーディングします。

ルナの
ワンモア
アドバイス

相談者の話から彼は内向的ではないので、[金貨クィーン]は、B：彼女に対する印象と読み、[杖キング・逆]は、B：父親による制限と推測しました。

第Ⅵ章　タロット占いの達人になるコツ

第Ⅶ章
大アルカナが示す
メッセージ

✴ 大アルカナが示すメッセージ ✴

　神秘的な絵柄の大アルカナは、運命的な出来事が起こるときに出現します。心理的に重要な動きを示し、魂の決意や喜び、不安や恐れを意味し、リーディングの核となります。大アルカナ22枚のみを使用する占いもポピュラーです。

▼

大アルカナは、魂からのメッセージを示す

　大アルカナは、22枚のプロセスを通じて魂の成長を示しています。カードナンバーの数が少ないほど世俗的要素が強く、個人的な達成や問題をテーマとしています。数が増えるほど、魂が成長し、超個人的な社会的達成や世界的な課題などを示しています。

▼▼

大アルカナが表す4つの世界

0 ［愚者］
Ⅳ 神の世界　▶　▶　▶
人智の及ばない域・無からの出発

21 ［世界］
〜
15 ［悪魔］
Ⅲ 天使の世界
個人を越えた意識レベルでの活動

14 ［節制］
〜
8 ［力］
Ⅱ 心理の世界
個人的な心理状態や精神的活動

7 ［戦車］
〜
1 ［魔術師］
Ⅰ 人間の世界
この世を生きるための現実的活動

　大アルカナを4つの世界に分けることで、魂の成長のどのレベルからのメッセージであるのかを知ることができます。カードが出たポジションで、どういう経験をするのか、どんな学びがあるのかを考えるとよいでしょう。
※リーディング表は、5段階の★の数で幸福度を表しています。

魔術師
THE MAGICIAN

用意された道具を持って今、
スタートラインに立っている。

　持っている才能を使って新しい世界をつくろうとするのが、
［魔術師］です。人には人生を創造する力が備わっています。
このカードが「1」番であることから、これから何かを始める
ときに出るカード。アイデアや技術は頭の中にある状態で、
実際的な行動や具体的な局面はまだ進展していない状態です。

正位置×逆位置キーワード

正		逆	
始まり	創造性	遅い展開	嘘
有機的	器用	狡猾さ	知識不足

実占のコツ

魔術師の示す才能は、新しいアイデアの表現です。逆位置ではその能力が上手く使えなくなります。表現し過ぎると嘘になり、表現力がないと進展しません。

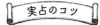

正 ★★★★
新しい感情が動き出し、恋が芽生えるとき。恋愛に新たな進展が期待できるとき。積極的に行動してみよう。発展する恋。

恋愛

逆 ★★★
恋人に嘘をついてしまったり、嘘をつかれるかも。また、交際に進展がなかったり、きっかけが作りにくい。駆け引きの多い恋。

正 ★★★★
デスクワークや手先を使う仕事、技術職を示す。また、言葉を使う営業職などで才能発揮。プレゼンテーション。

仕事

逆 ★★
器用過ぎて手を抜いてしまったり、いい加減な仕事をする。技術不足で良い仕事ができない。発展性のない仕事。

正 ★★★★
無限に広がる才能。アイデアは頭の中にあり、技術や知識や道具などの準備が整っている状態。才能を伸ばす。

その他

逆 ★★
道具を使うための知識や技術の不足を意味する。また、それをごまかしたり停滞することを暗示。トリックスター。

**ルナの
ワンモア
アドバイス**

　［魔術師］は、物事の始まりを示すカードです。このカードが出現したレイアウト上のポジションが、占った物事の進展の鍵となります。

物事を受け入れ、
深い理解を得ることができる。

女司祭長
THE HIGH PRIESTESS

　[女司祭長]は、聖書に秘められた神の知恵を理解し、その教えを守ります。物事を受け入れて守る女性像を示しています。また、カードナンバー「2」は二つの異なる質を示し、二つの物の調和を図ります。また、最初の偶数である「2」は、陰陽の「陰」を意味し、純粋で聖なる母の性質を示します。

正位置×逆位置キーワード

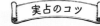

正		逆	
神秘	受動性	潔癖	繊細
二元性	学問	神経質	俗世離れ

実占のコツ

正位置で示される純粋で穢れのない性質が、逆位置になると激しく現れ、潔癖症となります。世俗社会を生きることが難しくなります。

恋愛

正 ★★
恋愛に不器用で、恋をしても上手く相手に伝えられない。パートナーに対して受動的になりがち。プラトニックラブ。

逆 ★★
愛情表現が苦手で、素直に気持ちを表せない。性的な事柄に対して閉鎖的なので思いが屈折する。片思い。心を閉ざす。

仕事

正 ★★★★
受け取ったものを守る意味があり、秘書や事務職に才能を発揮。コーディネーターやカウンセラーに吉。出版、医療、研究職。

逆 ★★★
閉鎖的な環境で職場になじめない。真面目で仕事ができても社会的に認められない。熱意が持てない。社会に適応しにくい。

その他

正 ★★★★
読書などを通じて教養を積む。勉強に関すること、話を聞くことや受動的なことを行う場合に吉。バランスを取る。理解力。

逆 ★★
感受性の強さが激しく現れ、繊細になり過ぎる傾向。受け取ったものを抱え込み過ぎて不安定。潔癖症。閉鎖的。

ルナのワンモアアドバイス
[女司祭長]は、控え目で内向的な性質です。学習のように外側にあるものを内側に取り入れることには吉ですが、外界には働きかけません。

第Ⅶ章　大アルカナが示すメッセージ

女帝
THE EMPRESS

物質的な豊かさと愛に満たされて、満足している女性像。

THE EMPRESS.

このカードは名前の通り、高い地位の女性を示し、女性の幸せを象徴しています。美しく着飾っている姿は、女性らしさや優美さを表しています。[女帝]は、何かを受け取り、受け入れたことを表現します。愛を受け取り、愛を表現することがこのカードのテーマです。

正位置×逆位置キーワード

正	逆
豊かさ　母性	わがまま　怠惰
繁栄　美的表現	執着　贅沢

実占のコツ

正位置では高貴な女性や安定した立場を示し、愛に満ちていますが、逆位置では立場や身分をわきまえない女性や、わがまま、欲求不満を示します。

	正		逆	
恋愛	★★★★★ 愛し愛され、幸せに満ちた恋愛。結婚を示すカード。経済的に満たされた結婚。女性を大切にする男性。女性的な魅力。		★★★ わがままな女性。満足できない交際。デートにお金を使う。セックスフレンド。女性がリードする交際。溺愛が相手をダメにする。	
仕事	★★★★ 女性的な感性を仕事に発揮。ファッション関係、美容関係の仕事に吉。女性相手の仕事。接客業に吉。女社長。女優。モデル。		★★ 職場のお局様のような存在。身勝手な女性の上司。ルーズで怠惰な態度。愛嬌はあっても、仕事はできない。水商売。	
その他	★★★★ 女性の幸せや母としての喜びを示すことから、妊娠や出産を暗示。経済的な満足と安定。上品で美しい。生み出す能力。		★★★ 受け取っているものと与えているものがアンバランス。容姿に対する劣等感。努力を嫌う。支配力の強い女性。マザコン。	

ルナのワンモアアドバイス

[女帝]は、与えられて与えるカードなので、入ってくるもの・出ていくものにおおらかでいることで、周りが豊かになると考えます。

皇帝
THE EMPEROR

成功者となり、勢力や支配を
拡大させる男性像。

　[皇帝]は、現実的な活動を示し、たくさんの戦いを乗り越えて、高い地位に上りつめた男性を象徴しています。男性的な闘争本能と自己顕示欲を意味し、社会的成功と、自分の勢力を拡大させていく野心を表しています。また、社長や父親などの権威を示すカードでもあります。

正位置×逆位置キーワード

正		逆	
地位	権力	権威的	虚勢
自信	父性	栄枯盛衰	老化

実占のコツ

人間社会に君臨する努力とそれによる成功が正位置の意味ですが、逆位置は、成功した後に戦いを止めてしまえば、時間と共に衰退することを暗示します。

	恋愛	
正 ★★★ 女性は地位のある人に惹かれ、男性は力を持つことで女性の心をつかむ。相手を支配したい欲求。父親に影響される。		逆 ★★ 頑固で支配的なパートナー。男性が年上で、年の差のある交際。出世のための結婚。恋愛感情が萎える。性的能力の衰退。

	仕事	
正 ★★★★★ 今までの功績が評価され、高い地位に就く。仕事の成功。大きな権威や権力を握る。カリスマ的な人物。個人事業主。社長。		逆 ★★★ ワンマン経営の失敗。権力の衰退。ブランドなど、名前だけで中身が伴っていない。権力争いで引きずり降ろされる。

	その他	
正 ★★★★ 社会的な立場の確立により、安定する。欲しいものを手に入れることができる力。老いてもなお衰えぬ勢力。父性的責任感。		逆 ★★★ 意地を張り過ぎて孤独になる。成功したのは昔のこと。老化による健康問題。孤独を感じながらも人と群れない。不毛な戦い。

ルナの
ワンモア
アドバイス

このカードは、自分自身が得たものや切り拓いた世界を守り、維持することを示します。力を持つことが、物事を安定させることなのです。

第Ⅶ章　大アルカナが示すメッセージ

法王
THE HIEROPHANT

正しい情報や良い教えにより、
心に平安をもたらす。

[法王]は心理的な側面を示し、物質的な安定よりも心理的な安定をもたらします。心の安定の基礎である親子関係から、先生がいて弟子がいる、上司がいて部下がいるというような、組織的なつながりによる安定も意味しています。また、3人が描かれた構図などから、三位一体を示します。

正位置×逆位置キーワード

	正			逆	
伝導		援助	即物的		尊敬できない
結束		儀式	分散		不信

実占のコツ

正位置は指導や師事により上手くいくことを示しますが、逆位置は指導者ないし弟子、もしくは両方に問題があることを意味します。

恋愛

正 ★★★★
神や周りの人々に祝福される結婚式。誰かの紹介や、結婚相談所などに斡旋されて出会う。恋人を親に紹介する。良縁。

逆 ★★★
刺激の少ない恋。恋愛や相手に対する強い欲望がある。悪くはないが、ときめかない相手。性的不満。結婚の話は進まない。

仕事

正 ★★★★
組織の力で会社の業績が上がる。良い上司と良い部下。宗教に関する仕事。師弟関係が大切な仕事。アドバイザー。老舗。

逆 ★★★
人事面の育成が必要。組織力の低下。お金や利益にこだわり過ぎて、上手くいかない。談合や汚職。組織の体質が古い。

その他

正 ★★★★★
宗教的な儀式の象徴であることから、葬式などの法事を示す。良い先生に巡り合う。伝統の継承。情報の伝達。

逆 ★★★
飽きているのに離れがたい人や場所やグループ。悪いつながり。伝えられた情報が正しいとは限らない。洗脳。物欲。

ルナのワンモアアドバイス
カードナンバー「5」は、五体や五感を意味します。[法王]は人間界での出来事を示しており、人間社会の心理的活動を表しています。

本能的なフィーリングで、
選択をする。

恋人たち
THE LOVERS

[恋人たち] は、自分にないものに魅力を感じ、惹かれ合うので、恋を示すカードです。また、生来備わっているフィーリングや本能に由来した感覚で物事を知って、選び取るカードです。良い悪いなどと考えて選ぶのではなく、興味や好奇心による自由な選択と行動を示しています。

 正位置×逆位置キーワード

正	逆
コミュニケーション　選択	未熟　優柔不断
若さ　パートナーシップ	軽率　離別

実占のコツ

正位置は純粋な欲求や好奇心からの行動ですが、逆位置はその行動の軽率さを意味します。浅はかさや未経験による失敗を示します。

 恋愛

正 ★★★★★
相手の見た目や印象に惹かれる。恋愛や異性に対する憧れ。楽しい恋愛。コミュニケーションがスムーズに取れる相手。

逆 ★★★
衝動的な恋愛感情。性的な欲求で相手に惹かれ、つき合いが始まり、飽きて終わる。振られる。浮気性。交際が続かない。

 仕事

正 ★★★
流行や情報を扱う仕事で成功する。若者を対象とする仕事。相手との協力関係が大切。フランチャイズ契約。二つの仕事。

逆 ★★
仕事に対する興味や情熱が冷めて、仕事が続かない。判断ミスによる失敗。コミュニケーションエラーによる失敗。

 その他

正 ★★★★
フィーリングで行動することが吉。好奇心旺盛で活動的。コミュニケーションを活発にする。保護下で快適に過ごす。

逆 ★★★
浅はかさや、無知や経験不足による失敗。軽率な行動。優柔不断。情報に翻弄される。選択ミス。やり方を間違える。

ルナのワンモアアドバイス：恋愛以外の占目でこのカードが出た場合、選択を暗示しています。選択すること（したこと）に対しての、注意を促すカードです。

第Ⅶ章　大アルカナが示すメッセージ

戦車
THE CHARIOT
VII

自分の力を試すため、
大きな世界に進み出す。

　腕力も知力も充実した若者が、生まれ育った町を離れ、武装して、自分の能力を試すために、世界に向かって旅立ちます。その勇敢な挑戦は、勝利を暗示していますが、心には不安定な要素も抱えています。黒と白のスフィンクスが示すように、相反する思いを抱えているのです。

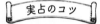
正位置×逆位置キーワード

	正			逆	
前進		勝利	失敗		敗北
挑戦		自立	後退		暴走

実占のコツ

正位置では前進、勝利、自立を示しますが、逆位置ではそれらが上手くいかないことを示します。力不足であるか、心理的問題による失敗を暗示します。

恋愛

正 ★★★★
恋のライバルがいても諦めずに、積極的に行動すること。イケメン。理想的な男性。ドライブデートが吉。情熱的な愛情表現。

逆 ★★
強引なアピールは裏目に出る。恋人とのケンカ。恋人と気持ちが離れていく。振られる。恋の進展に気持ちがついてこない。

仕事

正 ★★★★★
今までの知識や技術を活かし、新しい場で勝負する。勢力が拡大していく。勢いに乗っている。営業。自動車に関する仕事。

逆 ★★
気持ちはあっても、力不足で結果が出ない。焦りによる失敗。無謀なチャレンジによる失敗。強引なやり方が裏目に。

その他

正 ★★★★
自分の可能性を信じて挑戦する。二つの推進力。旅に出る。若者の自立。若い男性のバイタリティ。人生に大志を抱く。

逆 ★★
経験がない分、力で押していく。自分の感情をコントロールできない。失敗を恐れて前に進めない。実力不足。自暴自棄。

ルナの ワンモア アドバイス
［戦車］は、7番目のカード。「7」は神聖なサイクルを示すので、［戦車］の「挑戦」は、神に導かれて挑むことを暗示します。

力
STRENGTH

強い意志で恐れを受け入れ、
困難を克服する。

　このカードが示す「力」とは、意志の力です。ライオンは人の持つ本能的な意識を表しています。それを受け入れ、そのエネルギーを自分の目的に向かわせるのです。ライオンは本能であり、パワフルな感情であり、恐れです。［力］のカードは、ライオンを手なずける心の強さを意味しています。

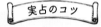
正位置×逆位置キーワード

正		逆	
意志力	コントロール	制御できない	（恐怖に）負ける
受容力	克服	意志が弱い	無気力

実占のコツ

正位置は困難を克服する意志の強さや、恐れを受け入れる強い心を示しますが、逆位置になると、恐れや本能に負けてしまう心の弱さを示します。

正 ★★★★　恋愛
気持ちをコントロールしながらつき合うことができる。女性のペース。恋の障害を克服する。恋をすることで活き活きする。

逆 ★★★
気持ちを伝える勇気が出ない。感情が抑えられない。交際に対する障害の前に、気持ちが萎える。恋愛欲求を抑え込む。

正 ★★★★　仕事
難しい仕事でも受けることで仕事のチャンスを掴む。失敗を受け入れることで良い仕事ができる。動物に関する仕事が吉。

逆 ★★★
失敗を恐れて萎縮している。目先の利益を優先しすぎて大志を失う。やる気が起こらない。仕事に対する苦手意識。

正 ★★★★★　その他
困難を受け入れる心の強さ。理性で感情をコントロールする。外柔内剛。強い意志。勇気。ペットを飼うことが吉。

逆 ★★★
意欲や勇気が湧かない。自信が持てない。食欲をコントロールできない。失敗から立ち直れない。動物からの災害。

**ルナの
ワンモア
アドバイス**
［力］は、心理活動を示すカードです。敵や問題は、外側にあるのではなく、自分の心の内にあることを知ることで、克服できるでしょう。

第Ⅶ章　大アルカナが示すメッセージ

隠者
THE HERMIT

独りとなって、
自分の心の内側を見つめる。

　薄暗い道を歩む年老いた［隠者］の姿は、人生の末期を表しています。彼の手にするランプの光は、知恵を象徴しており、自分自身の人生で得た知恵の光で、自分自身の人生を照らし出しています。このカードは、自分と向き合い、自分自身を探求することを示しています。

正位置×逆位置キーワード

正		逆	
真理の探求	非社会的	疎外感	厭世観
内向的	精神性	孤独	隠れる

実占のコツ

孤独を示すこのカードは、正位置では孤独を愛し自分の道を進むことを示しますが、逆位置の場合は孤独感や疎外感を示します。

恋愛

正 ★★
精神的な恋。片思いでも、実らない恋でも、好きな人を想い続ける。周りの人に知られてはいけない恋。独身主義。不倫。

逆 ★★
振られても好きな人を想い続ける。想っているだけで行動に移さないまま、時間が過ぎていく。つき合っている人がいても孤独。

仕事

正 ★★★
独りになれる環境で仕事をする。研究職に吉。作家など精神活動による仕事。秘密裏に仕事を進める。現役を退く。退職。

逆 ★★
協力者がいないので、自分一人で進めるしかない。職場での疎外感。仕事に関する意欲が湧かない。夜間の仕事。

その他

正 ★★★
精神的な充実のために人生を費やす。老後や晩年期について考える。探し続ける。世俗的なことに距離を置く。人目を避ける。

逆 ★★
老化による体の不調。偏狭な考え方が人を遠ざける。孤独感や疎外感。探しているものが見つからない。変わり者。

ルナのワンモアアドバイス

［隠者］は、霊的な探求を象徴しています。恋愛や社会的成功や名誉など、世俗的なことに関しては、良い結果を示すカードではありません。

チャンス到来、
幸運が回ってきている。

運命の輪
WHEEL of FORTUNE

大きな車輪の描かれた［運命の輪］は、運命のサイクルを示すカードです。物事には良いとき、悪いときがあり、それらにはサイクルがあって、いずれ回って来ることを表しています。また、カードナンバー「10」であるこのカードは、新しいステージの扉が開かれていることを意味します。

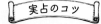

正位置×逆位置キーワード

正		**逆**	
好機	サイクル	不運期	タイミングが悪い
展開	許可	遅れる	因果応報

実占のコツ

正位置は良いタイミング、逆位置は悪いタイミング。正位置はラッキー、逆位置はアンラッキーと、正逆により、運やタイミングの良し悪しを示します。

正 ★★★★★ 今まで気にならなかった人が気になりだす。運命的な出会い。告白のタイミング。交際は良い方に進展。恋のチャンスあり。	**恋愛**	**逆** ★★★ デートのタイミングが合わない。すれ違いの交際。振られる。気持ちが徐々に失せてくる。恋愛運の衰退期。退屈なデート。
正 ★★★★ 変化の多い仕事に吉。海外に関係する仕事。仕事に関する許可を得る。出張や移動の多い仕事。業務や営業時間の拡大。	**仕事**	**逆** ★★★ 社会情勢の影響を受け、利益が上がらない。仕事の効率が悪い。意欲が出ず、やる気が起こらない。時間のロスが多い。
正 ★★★★ 物事が順調に進んでいく。今していることが拡大していく。チャンス到来。変化のタイミング。許可を得る。海外旅行。	**その他**	**逆** ★★★ 興味やブームが去る。ツイてないとき。空回りする。変化に対応できていない。準備不足で出遅れる。エネルギーの浪費。

**ルナの
ワンモア
アドバイス**　このカードは、出たポジションにチャンスがあります。そのテーマ（過去、対策、本心など）が、開運のきっかけになることを示します。

正義
JUSTICE

客観的に事実を捉え、
物事のバランスを計る。

　正義とは、真心にある、人が従う正しい道理です。女神の右手の剣は理性を示し、左手の天秤は調和を示しています。正義の女神は、公正な態度と判断で人々に平和をもたらします。原因と結果、罪と罰など、二つの物事の調和と因果を表すカードです。成功も失敗も、その誘因となる行動があることを意味しています。

正位置×逆位置キーワード

正		逆	
真実	公正	アンバランス	公私混同
秩序	人間関係	両立不可	板挟み

実占のコツ

正位置が社会的調和を意味する一方で、逆位置は社会的不調を示します。社会的不調とは、不公平や道徳的な問題のことです。

正 ★★★★
家柄やルックス、経済観念などが釣り合う相手。相性の良い関係。結婚前提のつき合い。法的な結婚。お見合い。

恋愛

逆 ★★★
価値観の違いがある相手。不釣り合いな関係。信用できない相手。常識的ではない恋愛観。ギブ＆テイクができていない。

正 ★★★★★
法律関係の仕事。公的機関で働く。行政に関する仕事。契約の成立。二つの仕事をこなす。成果と報酬。仲介業。正社員。

仕事

逆 ★★
理性的な判断ができない。他社と自社の思惑の違い。共同開発は苦労が多い。人間関係の板挟み。社会倫理から外れる。

正 ★★★★
理性的な判断が良い結果をもたらす。人間関係の調和。大義や正義がある。良い行動と良い結果。論理的思考。因果応報。

その他

逆 ★★★
二つの物事のバランスが取れない。正義に反した行為。理不尽な出来事。人間関係の板挟み。理性と感情のアンバランス。

**ルナの
ワンモア
アドバイス**

〔正義〕は、私利私欲を満たすカードではなく、自己犠牲を示すカードでもありません。正しいバランスを表しています。

吊られた男
THE HANGED MAN

ストレスや試練を通じて、
気づきや喜びを得る。

[吊られた男] は、試練や受難を示すカードです。手足が縛られていることから、そこから逃げ出すことができません。試練を耐えることで乗り越えることを示します。彼の浮かべる微笑みは、苦しみを越えることで到達する、恍惚感と気づきを表しています。

THE HANGED MAN.

正位置×逆位置キーワード

正		逆	
試練	奉仕	忍耐	我慢の限界
見方を変える	ひらめき	妄想	自己犠牲的

実占のコツ

[吊られた男] は正位置でも逆位置でも試練を表しますが、正位置は試練を耐える意味があり、逆位置ではつらい状態に耐えられないことを示します。

恋愛

正 ★★
束縛されることで、愛されていると思う。献身的な愛。尽くす恋愛。相手を信じて待ち続ける。片思いでも諦められない。

逆 ★★
束縛にウンザリする。尽くしても無駄な相手。依存の関係。つらい恋でも報われなくても、相手に対する執着心でつき合う。

仕事

正 ★★
行動するよりも、今は考えるとき。肉体的にはキツいが、精神的な満足のある仕事。献身的に仕事をする。現状維持。

逆 ★★
辞めたくても辞められない。努力や苦労が報われない。サービス残業。仕事のし過ぎで体を壊す。手の打ちようがない。

その他

正 ★★★
視点や考え方を変える。自己犠牲的な献身。依存と共依存。手の内を隠す。つらい状態を我慢する。アイデアが閃く。

逆 ★★
我慢の限界。精も根も尽き果てる。自己価値が低い。罪悪感が自分を制限する。ストレスで体調不良になる。現実逃避。

**ルナの
ワンモア
アドバイス**
一見、逆位置のようなこのカードは、物事に対する視点を変えることを暗示しています。視点が変わることで、気づくことがあるのです。

第Ⅶ章　大アルカナが示すメッセージ

POINT
50

死神
DEATH
XII

過去に決別し、
新しい世界に向かって旅立つ。

　　　［死神］のカードは、終わりを象徴します。伝統的に［死神］は大鎌を持って描かれることが多いのですが、物事の結果を刈り取る、収穫という意味があります。この［死神］は、白馬の騎士として描かれています。それは、今までの結果を収穫し、新しいステージに移行することを表しています。

正位置×逆位置キーワード

正		逆	
終末	変容	終止	移行
衰弱	潮時	違う世界	縁が切れる

実占のコツ

　［死神］の正位置と逆位置には大きな違いは表れにくいですが、正位置の方が終わりつつある状態で、逆位置は終わったと読むとよいでしょう。

正 ★ ── 恋愛 ── **逆 ★**

交際は別れの方に進んでいく。トラブルや問題なく別れられる。相手と距離を置く。自分とは違う世界の人。遠距離恋愛。

恋が終わった状態。現時点からの進展は難しい。自分とは違う世界の相手で関われない。音信不通。別れて次の恋を考える。

正 ★★ ── 仕事 ── **逆 ★★**

今の分野に見切りをつけて、徐々に縮小させていく。外国に関わる仕事。仕事に対する意欲衰退。出張の多い仕事。

今の状態を続けるよりは、止めて切り替えた方が上手くいく。仕事を辞めて次のことを考える。外国で仕事を探す。

正 ★★ ── その他 ── **逆 ★★**

意欲、体力、情熱などが減退する。変化が必要だという考えが生まれる。止めたほうが良いことを止める。諦めムード。

自分の知らない場所に行く。健康や経済上の制限により止める。止めたくないけれど止めなければならない状態。リセット。

ルナのワンモアアドバイス

このカードが出た場合、今の状態が終わることを告げています。［死神］は、良いことであれ悪いことであれ、終わりを告げるカードです。

第Ⅶ章　大アルカナが示すメッセージ

どんな経験も癒され、次の
ステージに進むことができる。

節制
TEMPERANCE

　[節制]のカードは、節度を持って行動すること、度を越さないように行動し、順調に進むことを意味します。そして、天使の持っている器は心を表しています。天使は古い心から新しい心へ意識を移行し、より高い次元へ進むことを意味します。それにより、浄化と癒しがもたらされます。

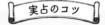

正位置×逆位置キーワード

	正		逆	
自然	純粋さ	不調和	不浄
浄化	環境	隙のなさ	非客観性

実占のコツ

　[節制]の正位置は自然の摂理を示し、物事が順調に進むことを表します。逆位置は、不自然であることや秩序に逆らっていることを意味します。

	恋愛	
正 ★★★★★ だんだん関係が進展して、愛が深まっている。良いムードで交際が進む。心が通じ合う相手。順調に交際が進む。良縁。		**逆 ★★★** 段々と気持ちが離れていく。愛を注いでも受け流される。心を閉ざされ受け入れてもらえない。気持ちの伝わらない相手。

	仕事	
正 ★★★★★ 取引先との関係が良好。仕事が順調に進む。段々と仕事のクオリティが上がってくる。ムラのない正確な仕事。		**逆 ★★★** 時間やお金のロスが多い。仕事のレベルが上がらない。遊び心がなく、厳しすぎて仕事が上手くいかない。面白味のない仕事。

	その他	
正 ★★★★ 物事が順調に進展していく。情緒に触れながらも、きっちりとことを進める。自然の豊かな場所。自然治癒力。無駄がない。		**逆 ★★** きっちりし過ぎている。気持ちが停滞している。気持ちと行動のアンバランス。移行や移動は上手くいかない。癒されない。

**ルナの
ワンモア
アドバイス**　天使の描かれたカードは、天使の守護を得ていると考えることもできます。天からのメッセージだと考えるとよいでしょう。

悪魔
THE DEVIL

恐れや欲望が大きくなり、
破滅への道を歩む。

悪魔は人の弱みや欲望につけ込む、悪の心を意味しますが、［悪魔］のカードは、人間の持つ欲望や恐れを示すカードでもあります。人間は、欲や恐れがあるからこそ、力を得ようとします。［悪魔］のカードは、人間性を失い、強い欲求や感情によって支配されている状態を示します。

正位置×逆位置キーワード

	正		逆	
執着	欲望	努力		悪化
堕落	苦悩	破滅への道		依存症

実占のコツ

正位置・逆位置共に悪いカードですが、逆位置の方が、悪い状態が維持できない、つまり、悪化し過ぎて手の打ちようがない状態を示しています。

正 ★★
肉体的な欲求によって繋がっている関係。悪縁で繋がり別れられない。愛欲に対する執着心。不倫恋愛。浮気心。誘惑する。

恋愛

逆 ★
お金と性に関わるつらい経験。憎しみながらも別れられない。強引に性的関係を持つ。泥沼の愛憎劇。ストーカー。

正 ★
非合法なやり方で利益を得る。欲望や劣等感を扱う仕事。絶対的な力と富でねじ伏せる。仕事をし過ぎて病気になる。

仕事

逆 ★
借金の支払いができなくなる。汚職や不正が暴かれる。組織の腐敗。病気や体調不良で仕事ができない。

正 ★
本能的な衝動で人間性を失う。理性や知恵が働かない。犯罪に関わる。中毒的で止められない。悪化の一途をたどる。努力。

その他

逆 ★
執着心や劣等感で身動きがとれない。強すぎる物質的欲望や自己顕示欲が、破滅を呼ぶ。病気の悪化。努力の限界。

ルナの
ワンモア
アドバイス

人の恐れが悪魔をつくりました。そして悪魔は、恐れにより人を支配します。恐れは自らの心にあるもので、虚像であることを意味します。

今まで築き上げてきたものが、
崩壊する。

塔
THE TOWER

　落雷を受けて、塔から男女が落ちていきます。落雷は神の力を示し、神の力と言える自然の力が、人間のつくり上げた塔を崩壊させています。このカードに描かれた塔は、人工的な力、権威、信念などを表しています。落ちていく男女は、性的な問題や、男女関係のトラブルを示しています。

正位置×逆位置キーワード

正		逆	
破壊	アクシデント	事故処理	組織の破綻
ショック	性的刺激	権威の失墜	スキャンダル

実占のコツ

正位置・逆位置共に破壊を示すのですが、正位置は破壊的状態に対するショック状態を示し、逆位置は破壊による崩壊と混乱を示します。

恋愛

正 ★
恋人とケンカをする。突然の別れ話。刺激的な恋。浮気や不倫がバレる。望まない妊娠。恋人に関する衝撃的な事実。

逆 ★
関係の修復は不可能。相手の不貞が分かり、信頼が崩れる。ケンカの影響が長く続く。ハニートラップ。性的快感の絶頂。

仕事

正 ★
権威や組織の壁が立ちはだかる。建築関係の仕事。組織の腐敗が暴かれる。景気の影響による会社の危機。リストラ。

逆 ★
組織解体で力を失う。信頼の失墜から立ち直れない。スキャンダルで社会的地位を失う。不祥事の連鎖。倒産。

その他

正 ★★
今まで努力してきたことが一瞬で壊れる。信念の崩壊。衝撃的な真実が知らされる。劇的な変化。建物。嘘がバレる。手術。

逆 ★
信頼が壊れて修復できない。ショックから立ち直れない。手術後の回復に時間を要する。建物に関する問題が解決できない。

ルナのワンモアアドバイス
嘘が人を癒し、真実は人に衝撃を与えます。真実とは絶対的な力です。［塔］のように、神は破壊的な方法で虚像に囚われた人を救い出します。

第Ⅶ章　大アルカナが示すメッセージ

星
THE STAR

斬新で新しいアイデアが、
世界を潤していく。

THE STAR.

カードに描かれた暗闇に輝く星は、絶望の中に輝く希望の光でもあります。闇が深ければ深いほど、星は一層美しく輝きます。それは永遠の光です。女神の頭上で輝く星は、閃きを示しています。閃きは、神の知恵が人にももたらされたものです。人にもたらされた知恵は、この世界を潤していきます。

正位置×逆位置キーワード

正		逆	
希望	願望実現	理想が高い	博愛
アイデア	恵み	無駄が多い	目標設定

実占のコツ

〔星〕は天からの恵みを示します。正位置は、希望の光や知恵を与えられるのですが、逆位置はその恵みを活かせないことを示しています。

	正		逆
恋愛	★★★★ たくさんの愛情が注がれる。自由で楽しい交際。遠距離恋愛。友達以上の関係。憧れの人。理想的な女性。喜ばしい妊娠。		★★★ 好かれてはいるが、特別な存在ではない。手の届かない憧れの人。恋人には至らない関係。SNSやインターネットでの関わり。
仕事	★★★★★ アイデアがお金につながる。汎用性を考える。IT関係の仕事。天気や宇宙など、空に関係する仕事。最先端の技術。		★★★ 普及し過ぎているので、利益が薄い。仕事に対する新しいアイデアが浮かばない。理論を実用化できない。ロスが多い。
その他	★★★★★ 目的や目標が明確になる。夢と希望。どんなことがあってもぶれない想い。友愛的な関係。最新鋭のもの。シェアする。		★★★ 高すぎる目標。掲げた理想が高くて、叶わない。エネルギーの浪費。与えられているものに感謝していない。孤立感。

ルナのワンモアアドバイス

〔星〕には、願望実現に関するテーマがあります。正しい目標設定をして努力を継続するならば、その願望が将来叶うことを示しています。

月
THE MOON

成功の道を進みながら起こる、
不安と迷い。

　苦悩する表情の描かれた［月］のカードは、心の迷いを示します。成功へ至る道があり、そこを進んでいても起こってくる心の迷いを表します。［太陽］で示される本当の自分が、［月］で示される幻想によって隠されているのです。太陽が隠された世界は、動物的な本能や恐れに満ちた不安の世界です。

THE MOON.

正位置×逆位置キーワード

正	不安	迷い		逆	不安の解消	潜在意識
	霊感	曖昧さ			隠れた敵	本能

実占のコツ

正位置では、分からないことや見えないものに対する不安で進むことができませんが、逆位置では、幻想や恐れからくる不安から逃れるために進みます。

 恋愛

正 ★★
相手の気持ちが分からない。恋人が浮気しないかと心配している。三角関係の不安。未来の見えない恋。気持ちの揺れ。

逆 ★★★
相手をだんだん理解する。恋の夢から覚める。迷いながらも交際が進んでいく。浮気や三角関係がバレる。

 仕事

正 ★★
専門的な職に就いているが、その仕事が自分に合っているか自信がない。仕事に対する将来的な不安。夜間の仕事。

逆 ★★
仕事に対する迷いや不安を捨てる。自信がなくても続けていれば、徐々に自信や力がついてくる。ミスをする理由に気づく。

 その他

正 ★★
被害妄想的な考え。心理的に不安定。ムードに流される。将来に対する漠然とした不安。不安からくる怠惰。妊娠初期。

逆 ★★★
誘惑や弱さに負けない。心理的に不安定な時期から脱出する。神秘的なものに魅かれる。敵の正体を知る。

ルナの
ワンモア
アドバイス
月は心理世界を示しています。心の中にはいろいろなイメージがあり、［月］はイメージによって本来の自分を見失うことを意味しています。

第Ⅶ章　大アルカナが示すメッセージ

太陽
THE SUN

本当の自分を解放し、
活き活きと表現して成功する。

　太陽は本質的な自己を示します。本質的な自己とは、愛と知恵と真実と生命力に満ちた自分です。[月]のカードで示された心の迷いの世界から、[太陽]では自分を解放し、輝きを放っています。馬に乗っている子どもは、活き活きと活動することを表し、自分の存在を世界に示し、喜ばれ、認められます。

正位置×逆位置キーワード

正	逆
生命力　成功	自己中心的　エネルギーのロス
満足　自己表現	大胆　子どもっぽい

実占のコツ

正位置は才能や活動が世界に普及することを示しますが、逆位置では無駄にエネルギーを消耗させることを意味します。

	正		逆
恋愛	★★★★★ 祝福される結婚。陽気で明るい人。交際していることや結婚することを公表する。プロポーズの成功。妊娠や出産。		★★★★ 大げさな愛情表現は嫌がられそう。つき合っていることを隠そうとしても、バレてしまう。子どもっぽく、遊び好きな人。
仕事	★★★★★ 才能や能力を発揮する。子どもに関する仕事。人を楽しませる仕事。社会に普及する。大手企業、有名企業。名誉を得る。		★★★ ロスや無駄が多く、効率が悪い。失敗や悪い噂が広がる。大げさなアピールは不信感を呼ぶ。殿様商売。
その他	★★★★★ エネルギッシュで活動的。生命力にあふれ活き活きしている。本質的な自己。子どもに関すること。天真爛漫。表現力。		★★★★ 強すぎる自己顕示欲。噂が広がってしまう。羽目を外し過ぎ。自分をコントロールできない。天気の影響を受ける。浪費。

ルナのワンモアアドバイス　燃え尽きることのない太陽は、自分の内から湧いてくるエネルギーの象徴です。それはなくなることのないエネルギーを表しています。

覚悟を決めて、
最終的な決断を下す。

審判
JUDGEMENT

棺から立ち上がる人々は、復活を象徴しています。それは、「正しい信仰を持つ者は神によって救われる」ということを意味します。善人も悪人もすべての人は、天使のラッパによって蘇り、目覚め、審判が下されます。目覚めた人たちは、天国での永遠の命が与えられる審判のときを待っているのです。

正位置×逆位置キーワード

正			逆	
最終判断	復活		最終決定	未完で終わる
覚醒	覚悟		叶わない希望	表現の欠如

実占のコツ

正位置では、復活という意味や、決意や覚悟を持って判断することを示します。
逆位置では、復活はありませんし、決定を変えられないと判断します。

正 ★★★★　恋愛
別れた人とよりが戻る。プロポーズや告白するのに吉。プロポーズに応える。結婚を決める。家庭を築くための覚悟。

逆 ★★
別れた人への未練があっても、よりが戻ることはない。別れ話を切り出す。恋人との溝は埋められない。結婚できない。

正 ★★★　仕事
宣伝や広告にお金を使う。医療関係の仕事。家族経営の会社。リサイクルに関係した仕事。退職した会社に復職する。

逆 ★★
納得いかない会社の決定。会社の指揮が乱れる。仕事に対する覚悟が足りない。決めた通りに仕事が進まない。

正 ★★★★★　その他
九死に一生を得る。奇跡的な復活。覚悟を決める。たくさんの人に向かって発信する。家族愛。最終決断をする。

逆 ★★★
後悔は後の祭り。諦めるしかない。決めたこと、決められたことは変えられない。才能は眠ったまま。家庭内の問題。

ルナのワンモアアドバイス
［審判］は、大きな決断や判断を示すカードです。このカードが出たときは、どんな状態であれ、覚悟を決めなければならないときなのです。

世界
THE WORLD

物事が完了し、
世界は一つに統合される。

THE WORLD.

　[世界]のカードに描かれた踊る女性は、両性具有者と言われています。これは男性的な質と女性的な質と本質的自己が、統合されたことを示しています。すべての物事が一つに収まり、完全な調和を表します。世界で起こること、自分の中で起こっていることは、すべて同じであることを意味します。

正位置×逆位置キーワード

正		逆	
完成	ハッピーエンド	未完成	努力の余地
統合	円満	不完全	不満

実占のコツ

正位置は完成された完全な調和を示しますが、逆位置は完成されていない状態を示します。未完成だからこそ、完成に向かう性質を示しています。

恋愛

正 ★★★★★
気持ちの満たされる恋。円満な関係。独りでも人生を楽しんでいる。愛されて守られている。結婚。縁談がまとまる。

逆 ★★★
片思いの恋。結婚の話が出ても、なかなか進まない。自分の気持ちをオープンにできない。出会いのためには行動が必要。

仕事

正 ★★★★
良い成績や良い結果を収める。人間関係の円満な職場。グローバルな視点。現在の地位からの出世はない。任期満了。

逆 ★★★
未完成の仕事。最後まで努力を惜しまないこと。完成するまでやり遂げる。能力や地域などの範疇を超えた仕事。

その他

正 ★★★★
現状が安定しているので進展はない。物事が全て整っている。自由に表現をする。自信に満ちている。世界規模。ハッピーエンド。

逆 ★★★
自分の殻に引きこもっている。もう少しの努力で完成する。未完成だから補完し合う。完成しているからこそ調和を乱す。

ルナのワンモアアドバイス

[世界]は、吉札ですが、これ以上の良い状態はないことを意味します。悪くはないけれど、これ以上の進展もないという場合があります。

未知の世界に向かって旅立つ、
自由な心。

愚者
THE FOOL

THE FOOL.

　荒野を歩く若者のカードを［愚者］と言います。切り立った崖を歩く若者は、足元の危険に気づく気配はありません。彼は、目の前の危険よりも、明るい未来や無限の可能性を夢見て歩んでいるのです。［愚者］は、一般的な常識に囚われない自由な心と感性を表しています。

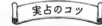
正位置×逆位置キーワード

| 自由 | 正 | 未経験 | | 無知 | 逆 | 愚かさを知る |
| 「0」 | | 非凡 | | 無計画 | | 平凡 |

実占のコツ

［愚者］は気づきのカード。正位置では見えない可能性や神の導きに気づくのですが、逆位置では現実に気づきます。現実を見て、自分の愚かさを知るのです。

 恋愛

正 ★★★
つき合っているのかどうかはっきりしないが、楽しい相手。交際に対する無責任さ。結婚への道は遠い。個性的で風変わりな人。

逆 ★★★
先のことは分からないけれど、無難な相手だからつき合う。面白味のない相手。恋愛に関する興味が薄い。

 仕事

正 ★★
責任感の薄い人。未経験の仕事。自由な出勤時間で働く。個性や感性を活かす仕事。0から物をつくる仕事。失業。

逆 ★★
知識や経験がないことに気づく。定職に就けない。計画から失敗に至る。アルバイト。意欲はあるが能力がない。

 その他

正 ★★★★
常識に囚われない自由な感性や生き方。才能を持っているがまだ発揮されていない。旅行。無計画。気まま。空想好き。

逆 ★★★
知らずに、危険な道に進もうとしていたことに気づく。地に足を着ける。混沌とした気持ちを整理する。歩みを止める。

ルナのワンモアアドバイス
0番（またはナンバーなし）の［愚者］は、知識がないこと、経験のないことを示しますが、だからこそ先入観がなく、純粋な心を意味します。

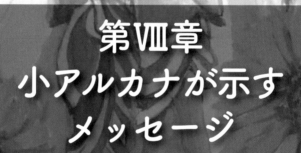

第Ⅷ章
小アルカナが示す
メッセージ

小アルカナが示すメッセージ

小アルカナの中の数札は、具体的な出来事や行動の内容を示し、数札の数が占いの答えになることもあります。宮廷札は、人物の個性や対人関係、または相談者の心理や社会的な状態などを表しています。

全78枚で占うことで、運勢の強弱を読み取ることができる

小アルカナ56枚を加えた全78枚を使用して占うことで、大アルカナが出たポジションに意味を持たせることができます（P40・POINT15参照）。小アルカナは、運命的な影響力は少ないのですが、詳細な心理状態や具体的な状況を読み取ることができるでしょう。また、詳細な事柄を読み取る場合は、小アルカナのみで占うことができます。

小アルカナの性質を表す一覧表

スート	エレメント	キーワード	トランプとの対応	数札（ヌメラルカード）40枚（出来事や行動の詳細を表わす）それぞれの数の持つテーマ										宮廷札(コートカード)16枚（人物の個性や対人関係）4種類の個性			
				1	2	3	4	5	6	7	8	9	10	ペイジ	ナイト	クイーン	キング
				スタート	二つあるものとの関わり	表現・創造・結束	安定・物質的側面	五感・活動	調和・美・道	思考・神秘・混乱	努力・継続・パワー	精神的充実	終わり・次世代	純粋・従順・学生	行動力・状況判断	受容的・女性性	責任・自信・誇り
杖	火	情熱・活力・直感	♣														
聖杯	水	感情・受容性	♥														
剣	風	理性・社会性	♠														
金貨	地	物質・継続	◆														

それぞれのスートは、物質界の四大要素とされるエレメントから性質が生じています。スートのキーワードと、カードナンバーのテーマ・宮廷札の個性が交わったところに、56通りのカードの個性が明確に現れます。小アルカナのルーツがトランプに由来することから、トランプとの対応も掲載しました。

タロット占いは想像力が大切です。イメージしやすいように、各スートごとにストーリー仕立てで解説しています。※リーディング表は、5段階の★の数で幸福度を表しています。

POINT
60

杖
ワンド

生命力と本能的性質、人間の持つ本来の精神、元気の源。

杖（火）＝活力・情熱・直感

　葉のついた杖は生きる力を象徴します。木の枝からできた杖は、自然や本能的なエネルギーです。生命力やパワーがテーマの［杖］は、積極的な活動や、自分を表現する力を意味します。情熱と勇気を持って、活き活きと行動します。人物を示す場合は、明るく魅力的な性格で、エネルギッシュで情熱的な人柄です。

正位置×逆位置キーワード

正		逆	
生命力	情熱	本能	野望
エネルギー	能動性	怒り	焦り

実占のコツ

［杖］がたくさん出現すると、その占目の環境に多くの情熱が注がれていることを示します。［杖］が多すぎると、理想に燃えているが、空回りしやすい、と読みます。

杖の物語

　格闘技の強いある男は、「世界一強い男になりたい」と情熱を持っていました［杖1］。男は既に成功し、社会的な地位を築き上げていましたが［杖2］、夢を叶えるために、修行の旅に出ることを決意します［杖3］。旅先の街に入ると、彼は祝福され、もてなしを受けます［杖4］。世界一の男になるために、彼はライバルである仲間と共に技術を磨きます［杖5］。

　やがて男はライバルを倒し、世界一の称号を得たのです［杖6］。世界一の男の元には、次から次へと挑戦者がやってきましたが、彼の強さには及びませんでした［杖7］。戦いの日々が続きますが、男は勝ち続けました［杖8］。

　しかし、ある日不意を突かれ、やられてしまいます［杖9］。男は負けを受け入れ、引き際が肝心だと引退したのでした［杖10］。

ルナのワンモアアドバイス

［杖］は、本能的で純粋さを示すスート。ですから、直感的で迷いがなく情熱的です。逆位置は、勢いだけで強引、直情的な性質を示します。

杖のペイジ…情報を運ぶメッセンジャー

おしゃれに装ったペイジは、注目されたい、純粋で明るく活発な子どもの性質です。未熟だからこそ、従順で正直なのです。何か良い知らせがあることも意味します。

正		逆	
メッセンジャー	活発な子	衝動的発想	目立ちたがり
素直さ	人気者	反抗的な子	未熟

★★★
今していることを楽しんで続けている。可愛い恋人。アルバイト。

★★★
注目を浴びたくて非行に走る。衝動的な行動による失敗。使い走り。

杖のナイト…情熱を持って挑戦する

美しい飾りのついた甲冑を着たナイトの戦いは、ビジネスなどの交渉を示します。跳ね馬は、本能的でエネルギッシュな若者の様子、活動力を表しています。

正		逆	
飛躍する	交渉	短気	威嚇する
移動	伊達	ひるむ	衝動的

★★★
仕事の良い知らせ。情熱的で積極的な態度。スポーツマン。ダンディズム。

★★
思うようにいかずイライラする。暴走。強引さから失敗する。攻撃的態度。

杖のクィーン…明るく受容的な母性の魅力

クィーンの持つひまわりは、陽気で魅力的な人柄を表しています。猫は多産を象徴し、母性を意味します。明るく面倒見の良い女性を示しています。

正		逆	
母親	魅力的な女性	女王気取り	過干渉
生活の充実	親切	責任転嫁	魅力がない

★★★★
物事を受け入れて育む。愛情深く、世話好き。魅力の表現。女社長。

★★★
支配的な女性。お節介。公私混同。嫉妬心。母親の影響が強い人。横着。

杖のキング…カリスマ的な権力

情熱を持って成功する杖のキングは、創業者や成功者を意味します。自分の仕事に熱意を持って取り組みます。名誉や誇り、カリスマ性、情熱的な指導者を象徴します。

正		逆	
父親	カリスマ的	ワンマン社長	自己顕示欲
実業家	誇りを持つ	封建的	高慢な誇り

★★★★
物事に対しての自信と責任を持っている。魅力的な指導者。偉大さ。

★★
指導力のない人、または強過ぎる支配力。責任を取れない。ファザコン。

杖の1…新しいことを始める

| スタート | 正 | 新しい発想 |
| 権力 | | 活力 |

★★★★★
意欲や情熱を持ってスタートする。力を発揮するときが来る。意欲。

1＝スタート

| 方向性なし | 逆 | 力不足 |
| 力の乱用 | | 世代交代 |

★★★
力が発揮できない。情熱を上手く表現できない。意欲の欠如。焦り。

杖の2…野心を持って展望する

| 野心 | 正 | グローバル |
| 二者択一 | | 社会的名誉 |

★★★
ビジネス拡大の意欲。外国に関する事柄。仕事の成功。分離。成功欲。

2＝二つあるものとの関わり

| 顧みない | 逆 | 孤独 |
| 分離 | | 仕事の犠牲 |

★★
仕事のし過ぎで何かを犠牲にする。家庭を顧みない。仕事のストレス。

杖の3…明るい未来が展開される

| 発展する | 正 | 大志を抱く |
| 未来志向 | | 開ける展望 |

★★★★
未来のことを考える。外国に関する事柄。後援者を得る。希望と期待。

3＝表現・創造・結束

| 後援 | 逆 | 支持を得る |
| 遠方に憧れ | | 留まる |

★★★
ビジョンがあっても行動に移していない。理解者や援助者が必要。孤独。

杖の4…安定した生活の幸せ

| 招待 | 正 | 祝福 |
| 門出 | | 装飾する |

★★★★★
良い結果を得る。もてなし。お祝い。パーティー。結婚式。社交。家や庭。

4＝安定・物質的側面

| 歓迎されない | 逆 | 生活の悩み |
| 装飾過剰 | | 入りにくい |

★★★
贅沢。暇。近隣住民に関する悩み。閉鎖的。問題はないが満足できない。

杖の5…意見の違いからの戦い

| 競争 | 正 | 力の融合 |
| 生存競争 | | 十人十色 |

★★
ライバルが多い。ディスカッション。もめごと。協力し合う。葛藤。訴訟。

5＝五感・活動

| 一時休戦 | 逆 | 敵が友に |
| 意見の相違 | | 烏合の衆 |

★★★
雨降って地固まる。ケンカに負ける。非協力的。まとまらない。敗訴。

杖の6…勝利し、前進する

前進する	勝利
凱旋	栄光

正

★★★★★
物事が順調に進む。良い知らせ。賞賛される。勝ち進む。成功。

6 ＝ 調和・美・道

敗北	前進を阻む
負けを恐れる	賛同なし

逆

★★
失敗はしてないが、良い結果を出せない。恐れで前に進めない。失敗。

杖の7…勝者の孤独な戦い

勝ち続ける	優位な立場
一人勝ち	応戦する

正

★★★★
ライバルがいるが、有利な状態。勝者の孤独。忙しく心のゆとりがない。

7 ＝ 思考・神秘・混乱

孤独な戦い	差別化
圧倒される	競争激化

逆

★★★
ライバルとの差がない。足元をすくわれる。余裕がない。低レベルの戦い。

杖の8…物事が穏やかに進展する

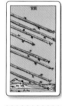

時間の流れ	スピード
次々繰り出す	手から離れる

正

★★★★
物事が穏やかに進んでいく。情熱を持って何度も繰り返す。順調。速い。

8 ＝ 努力・継続・パワー

渋滞	遅延
ゆっくり動く	過ぎたこと

逆

★★★
物事の展開が遅い。勢いや情熱がなくなる。結果待ち。惰性。延滞。

杖の9…準備を整えて待つ

臨戦態勢	準備万端
用意周到	様子を覗う

正

★★★
準備を整えて待つ。相手の出方を見る。守りを固める。警戒心。緊張。

9 ＝ 精神的充実

不意の失地	準備不足
出遅れる	被害者意識

逆

★★
警戒し過ぎて行動できない。油断大敵。ライバルに出し抜かれる。

杖の10…負担を抱えた状態

負担	目的遂行
余裕のなさ	限度

正

★★
最後までやり遂げる。努力を続ける。手一杯。一人で抱え込む。執着。

10 ＝ 終わり・次世代

手放し	諦める
断念	疲労

逆

★★
抱え込んでいたものを手放す。最後までやり遂げられない。自暴自棄。

第VIII章　小アルカナが示すメッセージ

POINT **61**

聖杯
カップ

思いやりや愛情を受け止める感受性。感情的な心。

聖杯（水）＝感情・受容性

　聖杯の中には水やワインが入ります。水は感情のエネルギーを示します。赤ワインは、水よりも濃い人間関係、血縁関係を示します。このように［聖杯］は、感情や愛情を受け止める器である心を表しています。［聖杯］は、感情的、情緒的な心を意味し、感性や感受性も表します。人物を示す場合は、受け止める性質がありますので、受容力のある優しい人柄です。

正位置×逆位置キーワード

正		逆	
受容性	感情	陶酔	消極的
満足	融合	不満	不安

実占のコツ

逆位置やたくさんの［聖杯］がある場合、感情的な問題や、満足と不満の問題を表しています。満足できていない、と考えるとよいでしょう。

聖杯の物語

　人の中には生まれ持って、愛し愛されたいという欲求があります［聖杯1］。若者は美しい女性と結婚し［聖杯2］、皆が二人を祝福してくれました［聖杯3］。
　ですが、幾年か経つと、男の心の中に浮気心が生まれます［聖杯4］。そんなある日、彼の浮気が発覚し、覆水盆に返らず、彼の妻子は彼の元を去っていきました［聖杯5］。男は、子どものことを思ったり、愛に満たされた頃を思い出すこともありました［聖杯6］。寂しさを紛らすために、妄想にふけっているうちに、男の心には「幸せになりたい」という気持ちが生まれます［聖杯7］。今までに未練はあるけれど、新しい人生に進み出すことを決意します［聖杯8］。
　そしてようやく仕事で成功することができたので［聖杯9］、もう一度結婚し、家族を得、幸せな暮らしを送ることができました［聖杯10］。

ルナのワンモアアドバイス　援助や課題に［聖杯］のカードが出た場合、出来事や事実というよりも、物事の受け止め方や感じ方がテーマになっていることを意味します。

第Ⅷ章　小アルカナが示すメッセージ

聖杯のペイジ…浮かんだアイデアを提案する　ペイジ＝純粋・従順・学生

水中に棲む生き物の魚が顔を出しています。それは潜在意識から出てきたメッセージ。その魚を差し出しているので、「アイデアを提案する」という意味があります。

PAGE of CUPS.

	正			逆	
美しい子		発想	妄想		虚言
提案		想像力豊か	多感すぎる		優柔不断

★★★
アイデアが浮かぶ。純粋で感受性が強い。可愛い人。空想的。霊感。

★★★
感受性が強くてストレスが多い。自分の気持ちに呑まれ、言葉にできない。

聖杯のナイト…気持ちを汲み取り話を進める　ナイト＝行動力・状況判断

白馬に乗った王子様や、素敵な男性を象徴します。相手の気持ちを汲み取り、ゆっくりと歩んでいくこと、思いやりとセンスや感性を活かすことを意味します。

KNIGHT of CUPS.

	正			逆	
誠実さ		接近する	多情		下心
紳士的		美男	誘惑		不道徳

★★★★
物事が順調に進む。プロポーズ。サービス業。心や感性を大切にする。

★★
一時的な感情。適当に話を合わせる。心がこもっていない。依存や中毒。

聖杯のクィーン…鋭い感受性で物事を考察する　クィーン＝受容的・女性性

未婚の女性を象徴します。純粋で、簡単には心を開きませんが、心を開くと相手を受け入れ、愛を守ろうとします。また、感受性が強く繊細な女性を象徴しています。

QUEEN of CUPS.

	正			逆	
未婚の女性		強い感受性	排他的		繊細すぎる
思いやり		内向性	閉鎖的		依存的

★★★
美しい女性。受動的で消極的な人物。想像力やセンスがある。思いやり。

★★
心理的に不安定な人。感情を上手く表現できない。心を閉ざす。

聖杯のキング…愛と知恵に満ちた寛大さ　キング＝責任・自信・誇り

海の中に据えられた王座は、感性や愛の中に生きることを意味することから、宗教的指導者や芸術家を表します。海はキングの愛の大きさや潜在意識を示しています。

KING of CUPS.

	正			逆	
寛大さ		師匠	不正		偽善
豊かな情緒		芸術的感性	感情の暴走		自信喪失

★★★★
大きな受容力を持って相手を理解し、相手に愛を注ぐ。医師。教師。

★★
感性が周りの人と合わず、孤立している。えこひいき。陶酔。不正。

第Ⅷ章　小アルカナが示すメッセージ

第Ⅷ章　小アルカナが示すメッセージ

聖杯の1…愛と喜びの始まり

正
愛の始まり　豊かな感情
受容する　満たされる

★★★★★
たくさんの愛を注ぐ。相手の気持ちを受け止める。結婚。妊娠。出産。

1＝スタート

逆
愛への不安　情緒不安定
流される　溺愛

★★★
お金や愛情を注いでも受け止めてもらえない。不安。情に流される。

聖杯の2…お互いに与え合う関係

正
通じ合う　友好関係
統合する　誓いの契約

★★★★★
協力し合う関係。契約成立。プロポーズ。デート。恋愛。結婚。

2＝二つあるものとの関わり

逆
不和　契約不成立
受容し難い　感情の相違

★★★
二人の関係に溝が入る。縁が薄れる。協力者が力にならない。

聖杯の3…良い結果を祝う

正
結果を祝う　円満な関係
繁栄　芸能

★★★★
物事の成果を祝う。パーティー。祝福。若い女性。ファッション。ダンス。

3＝表現・創造・結束

逆
節度がない　快楽的
悪い仲間　ミーハー

★★★
時間やお金を浪費する。一時的な喜び。外見ばかりを気にする。享楽的。

聖杯の4…状況を受け入れて考える

正
考える時　倦怠
欲求不満　一人になる

★★★
リラックスする時間をつくる。一人になって考える。納得できない。

4＝安定・物質的側面

逆
肯定的思考　新しい発想
援助がある　瞑想

★★★
アイデアが浮かぶ。新しい可能性が見えてくる。斬新なアイデア。

聖杯の5…喪失による悲しみ

正
覆水盆に返らず　喪失感
孤独　自己憐憫

★★
失ったものに囚われる。家族や血縁関係の悩み。挫折感。絶望感。

5＝五感・活動

逆
可能性発見　5分の2
省みる　希望

★★
失ってから初めて気づく。残された可能性。つらいことを受け入れる。

聖杯の6…過去の思い出

約束	子ども
幸せな記憶	プレゼント

正

★★★
子ども時代の思い出。純粋な思い。
初恋。懐かしい場所。子どもっぽい。

6 ＝調和・美・道

自己成長	子どもっぽい
温故知新	つらい思い出

逆

★★★
過去の経験から学ぶ。大人になる。
時間が止まっている。思い出の美化。

聖杯の7…夢や理想を思い描く

我を失う	神秘的
夢想的	精神不安定

正

★★
いろいろなイメージが浮かぶ。妄想
に囚われる。インスピレーション。

7 ＝思考・神秘・混乱

聡明なビジョン	夢から覚める
霊的メッセージ	現実を受容

逆

★★★
誇大妄想から覚める。夢からヒント
を得る。計画を立てる。嘘に気づく。

聖杯の8…勇気を持って止める

興味が移る	挫折
放棄	心残り

正

★★
未練があるけど去っていく。中途挫
折。新しいものへの興味。潮時。

8 ＝努力・継続・パワー

現実を見る	やり直す
考え直す	興味の復興

逆

★★★
諦めたことにもう一度取り組む。最
後までやり遂げる。戻ってくる。

聖杯の9…努力の結果としての成功

仕事の成功	自信満々
人生の充実	願望実現

正

★★★★★
夢や望みが叶う。相手のニーズに対
応できる。満足感。幸せに手が届く。

9 ＝精神的充実

成功への努力	傲慢さ
(物質的)強欲	自惚れ

逆

★★★
努力すれば夢が叶う。自信過剰から
の失敗。独りよがり。欲張り。

聖杯の10…目標達成による幸せ

家族の幸せ	未来への夢
理想を描く	夢を叶える

正

★★★★★
家族の絆を大切にする。幸せな家庭
生活。中年期以降の結婚。平和。

10 ＝終わり・次世代

高い理想	届かない夢
飽和状態	虚飾の幸せ

逆

★★★
理想が高くて手が届かない。現実的
でない。見せかけの幸せ。不安。

POINT
62

剣
ソード

困難を切り拓く意志の力と、社会と調和する理性的な判断。

剣（風）＝理性・社会性

　［剣］は、知性や理性を象徴します。［杖］は自然界にあるものですが、［剣］は人間がつくり出した人工的なものです。［剣］には、人の知恵や技術による創造という意味があります。また、物事を正しく見極める知恵、そして物事を決断する知恵でもあり、社会をつくる力を示しています。人物を示す場合は、理性的で知的な人柄です。

正位置×逆位置キーワード

正	知恵	意志		**逆**	悲しみ	裏切り
	判断	理性			傷つく	ドライ

実占のコツ

　［剣］は社会性を示しますので、［剣］のカードがたくさん出ていると、人間関係の問題、情報の扱い方やコミュニケーションがテーマとなります。

剣の物語

　王家の男は、荒廃した王国を変えるために、戦う決意を固めました［剣1］。妻は、男の決意を受け入れ、彼の帰りを待つことを決めました［剣2］。それは、国を分断する出来事でもありました［剣3］。彼の目的である理想社会を築くために戦う日々の中、妻や子どものことを思うときが一番の安らぎでした［剣4］。
　しかし、社会は男の想像以上に秩序が乱れ［剣5］、形勢不利で逃げざるを得ませんでした［剣6］。逃げた先でも、窃盗など社会は乱れています［剣7］。
　そんな頃、軟禁状態の生活を続けていた彼の妻のところに［剣8］、男の戦死の連絡が入りました［剣9］。男は死んでしまいましたが、男の意志は生きています。それを引き継ぎ、新しい社会をつくろうとする同志たちが、時代の幕を開けるのです［剣10］。

ルナの　ワンモア　アドバイス　たくさんの［剣］のカードが出たときは、つらい思いや厳しい状況を示しています。病占の場合は、手術の暗示があります。

剣のペイジ…状況に対応し、身構える

彼は粗末な服を着ていますが、稽古着で剣の練習をしています。物事に冷静に対応できるよう、見極める力を鍛えています。情報を分析するという意味があります。

正		逆	
練習	情報の選別	疑心暗鬼	軽率
利口な子ども	鍛える	反抗的な子	姑息な手段

★★★
物事を理解する力。事実を知ろう。物事を分析する。調査員。スパイ。

★★
警戒心が強い。疑心暗鬼。物事に正面から向き合わない。狡猾さ。

剣のナイト…向かい風の中を進む

向かい風の中、剣を前に突き出し、困難をものともしない勇敢なナイトの姿が描かれています。知識や技術を武器に突き進み、挑戦する若い男性の性質を象徴します。

正		逆	
任務遂行	勇敢さ	強引さ	少ない勝算
挑戦	使命感	無謀な挑戦	間違った信念

★★★
難しい仕事に取り組む。使命を持って行動する。危険な場所での仕事。

★★
無理を承知でやってみる。無計画で失敗する。人の意見を聞かない。

剣のクィーン…物事を受け入れ、判断する

右手の剣は知識や意志で人生を切り拓くことを表し、左手は受け入れる性質を示しています。伝統的に剣のクィーンは、女性の悲しみを象徴すると言われています。

正		逆	
社交性	理解力	女性の悲哀	離婚した女性
キャリアウーマン	知的な女性	了見の狭さ	偏見

★★★
相手の話を聞き入れて、判断する。適切な距離感で人と関わる。

★★
出会いと別れを繰り返す。主張を受け入れてもらえない。悪意。

剣のキング…自分の判断に責任を持つ

民主主義や法治国家を象徴しています。法と秩序で社会の調和を保ち、治めることを意味します。また、専門的な知識や高度な技術を駆使できる人物を表します。

正		逆	
裁判官	創造的思考	独裁者	独善的
理性的	鋭い判断力	無慈悲	残酷な判断

★★★★
高い知識と技術により、的確に対処できる。高級官僚。医師。弁護士。

★★
個人的な利益で物事を判断する。情緒的なことを排除する。情報操作。

第Ⅷ章　小アルカナが示すメッセージ

第Ⅷ章　小アルカナが示すメッセージ

剣の1…運命を切り拓く強い意志

正
絶対的判断　意志の力
勝利の栄光　創造の知恵

★★★
何かを断ち切って新しく始める。覚悟を決める。強い意志。勝利。別れ。

1＝スタート

逆
終わり　つらい決断
独善的　断ち切る

★★
自力で切り拓かなければならない。厳しい状況。難しい決断。強引さ。

剣の2…静かに調和を保つ

正
バランス　静寂
心眼で見る　感受性

★★★
入ってくる情報を閉ざし、内側に意識を向ける。直感。センスがいい。

2＝二つあるものとの関わり

逆
繊細すぎる　盲目的
閉鎖的　不安

★★
真実を見ようとしない。膠着状態。変化がない。かたくな。心を閉ざす。

剣の3…緊張による分裂

正
不和　分裂
心を貫く思い　傷心

★★
三角関係。分裂の危機。傷心。ショッキングな出来事。緊張状態。センス。

3＝表現・創造・結束

逆
分ける　別れ
破綻　理不尽

★
三角関係のトラブル。裏切りが明らかになる。心の傷が痛む。放心。

剣の4…戦士の休息

正
休養　思考の休止
癒し　小休止

★★★
一時的に休憩する。祈り。病気などで寝ている人がいる。病院。睡眠。

4＝安定・物質的側面

逆
暇　休めない
動きがない　回復の兆し

★★
休む間もないか、休みが多過ぎる。動きがない。思考が働かない。お墓。

剣の5…殺伐とした競争社会

正
横暴な手段　狡猾さ
情勢不安　空虚な勝利

★
不当な手段で利益を得る。リストラ。社会が乱れている。世間の厳しさ。

5＝五感・活動

逆
裏切り　敗北
犠牲者意識　悪徳

★
他人の利益や手柄を奪い取る。背徳行為。スキャンダル。不正行為。

剣の6…新天地への旅立ち

平穏な出発　　最先端技術
正
母子　　導かれる

★★★
新しい世界への旅立ち。穏やかなスタート。最新鋭のもの。案内人。

6＝調和・美・道

出遅れる　　前進しない
逆
未来の不安　　非力な協力者

★★
なかなか前に進まない。人目を忍んで逃げる。母子。助けが得られない。

剣の7…思考と行動の矛盾

矛盾　　知識の習得
正
姑息な手段　　混乱

★★
思っていることと、していることが違う。裏切り。すべてを持って行けない。

7＝思考・神秘・混乱

問題の解決　　相談
逆
正しい方向性　　ユーモア

★★★
仲間と協力する。専門家に相談する。嘘がばれる。考えがまとまる。

剣の8…つらい状況を耐える意志の強さ

忍耐力　　身動き不可
正
試練の受任　　不動心

★
つらい状況。いろいろな情報があり判断できない。女性の病気。束縛。

8＝努力・継続・パワー

解放される　　束縛が緩む
逆
困難を克服　　回復

★★
試練の終わり。悪い状態から解放される。事実が見えてくる。

剣の9…希望を見出せない状態

絶望　　喪失感
正
孤独感　　闘病生活

★
悲しみ。睡眠に関する悩み。病気。愛するものを失う。失意のどん底。

9＝精神的充実

希望を見出す　　感謝する
逆
床に伏す　　終末思考

★
悲しむのを止める。運命を受け入れる。一時的な回復。占い。睡眠障害。

剣の10…苦しみからの解放

長い苦痛　　終わり
正
つらい状況　　衰弱

★
長期間の苦しみから解放される。言葉の嫌がらせ。耐えられない。

10＝終わり・次世代

新しい可能性　　良い前兆
逆
苦痛から解放　　一時的好転

★★
新しい兆し。一つのことが終わる。古いシステムが刷新される。

POINT
63

金貨
ペンタクルス

経済力と実行力で、夢を実現させ、生活を充実させる。

金貨（地）＝物質・継続

　［金貨］のカードは、その名の通りお金を象徴しています。そして、お金を得る方法や仕事の仕方を示しています。［金貨］の中に描かれた五芒星は、人の形を表しています。これは五感を使って感知できる、形ある物の世界、物質世界を生きることを意味します。人物を示す場合は、経済観念の発達しているまじめな人柄です。

正位置×逆位置キーワード

正		逆	
仕事	金銭	変化しづらい	こだわり
継続	形式	頑固	執着

実占のコツ

　［金貨］のカードは、実現する力を示します。［金貨］のカードが多い場合は、実際的な行動と努力の継続が課題となっていることを意味します。

金貨の物語

　「いつか大金を掴んで、豊かな生活がしたい」と、若者は強く思いました［金貨1］。しかし、そんなことを忘れてゲームをしたり、遊んだりを繰り返す毎日［金貨2］。ある日、親に厳しく言われ、学校に行き勉強をすることにしました［金貨3］。その甲斐あって成功し、彼は富を手に入れることができました［金貨4］。
　自分は成功したけれど、世の中には仕事のない人がたくさんいます［金貨5］。その人たちの力になろうと、彼は仕事を斡旋するビジネスを始めました［金貨6］。ある人には農業を［金貨7］、ある人には技術職を［金貨8］紹介しました。
　社会的に成功した彼は、素敵な女性と出会い、結婚しました［金貨9］。やがて子どもを授かり、親や親戚にも祝福され、家族と共に末永く幸せに暮らしました［金貨10］。

ルナの
ワンモア
アドバイス
　［金貨］は、地に足着ける堅実さを示します。逆位置が多い場合、人生における本当の価値を考えて、現実を受け入れることが大切です。

第VIII章　小アルカナが示すメッセージ

金貨のペイジ…目標を掲げて努力する

未熟だからこそ夢を実現させるため、堅実に努力しようとする性格や態度を示します。掲げている金貨は、彼の持っている夢が実現したイメージを象徴しています。

正			逆	
憧れ	継続する		現金な態度	怠慢
向上心	真面目さ		準備不足	非現実的考え

★★★
地に足の着いた行動。努力の継続。目先の損得で考える。向上心。

★★
目標を持っていても努力を継続できない。面倒くさい。現実を見ない。

金貨のナイト…真価を見据える

真っ直ぐ前を向いているナイトは、誠実さを表します。背後に描かれた土地は、耕されています。一つの場所で仕事をすることや、資産運用することを意味します。

正			逆	
資産運用	堅実な判断		鈍重	停滞
現状維持	実利優先		消極的	鈍感

★★★
地に足の着いた判断。まじめで堅実。働き者。堅実にことを進める。

★★
要領が悪い。奥手で行動できない人。オタク。真面目すぎる。不器用。

金貨のクィーン…経済的安定を維持する

自然の中の王座に座るクィーンは、安全な場所で自然体でいることを示します。金貨を膝に抱く姿は、子どもを抱いている、または妊娠していることを意味します。

正			逆	
妊婦	安らぎ		猜疑心	保身
自然派	堅実さ		閉鎖的な思考	世間知らず

★★★★
不労所得を得る。専業主婦。生活の安定。思慮深さ。リラックスする。

★★
世間が狭い。家族のことしか考えていない。お金に執着。田舎者。

金貨のキング…所有することによる自信

金貨を眺め、ほくそ笑むキングは、さらなる資産の拡大を目論んでいる様子です。彼は経営者を示しています。ブドウの柄の服は、豊かさを象徴しています。

正			逆	
物質的充実	信頼		金権主義	物質的執着
富の所有	結果を出す力		強情	沽券が下がる

★★★★
財力に物を言わす。仕事の成功。不動産取得。資産家。政治家。

★★★
利益やお金にこだわる。お金しか信じない。古い考えに囚われる。成人病。

金貨の1…欲しいものが手に入る

 具体化する　充実　成果　所有する

★★★★★
大金が手に入る。夢が形になる。平和な生活。目的達成。繁栄。

1＝スタート

 金銭的要素　即物的　不十分　未完成

★★★★
あと少しの努力で成功。形になるまで手を抜かない。つかみきれない。裏金。

金貨の2…変化するもの、交流するもの

 変化　交流　繰り返し　日課

★★
毎日同じことを繰り返す。享楽的。お金の浮き沈み。レクリエーション。

2＝二つあるものとの関わり

不安定　浮き沈み　娯楽　疎通できない

★★
お金のやり繰りが大変。変化に対応できない。連絡が取れない。不安定。

金貨の3…協力しあう組織的な活動

 協働の成功　組織　建設的　名誉

★★★★
仲間と協力しながら仕事を進める。仕事で名誉を得る。学校。計画。

3＝表現・創造・結束

結束力不足　組織の問題　未熟　不敬

★★★
初心を忘れる。組織力が弱い。学校や仲間と合わない。計画性がない。

金貨の4…所有したものを保持する

 富の保有　保守する　信念がある　不動心

★★★
経済的な安定。現状維持。持っているものを守る。地に足を着ける。

4＝安定・物質的側面

 執着　独り占め　頑固　偏見

★★
保守的でやりたいことができない。守るもののために動けない。保身。

金貨の5…困難を逃れるための前進

 貧困　路頭に迷う　パートナー　当てがない

★★
仕事が見つからない。行き先がない。良い相性の人。足のけが。

5＝五感・活動

救済の希求　協力者を失う　孤独　失望

★
お金も人も離れていく。頼りになるものがない。路頭に迷う。社会的弱者。

金貨の6…バランスを知る

6 = 調和・美・道

慈善	契約成立
恵みの付与	商取引

正

★★★★
物事の調和が取れる。仕事が見つかる。慈善事業。仲介業。

不平等	雇用の問題
偽善	アンバランス

逆

★★★
契約の不成立。契約通りでない。えこひいき。人間関係の不和。

金貨の7…成果が出るのに時間がかかる

7 = 思考・神秘・混乱

仕事の不満	成果なし
望まぬ結果	悩み

正

★★
出た結果に満足できない。利益が薄い。仕事やお金に関する悩み。

きつい仕事	工夫が必要
間引く	面白味がない

逆

★★
努力が報われない仕事。価値の低いものを間引く。資金繰りに悩む。

金貨の8…継続により力をつける

8 = 努力・継続・パワー

技術の向上	継続する
努力	物づくり

正

★★★
コツコツと仕事を続ける。仕事の技術を磨く。継続は力なり。貯金。

未熟な技術	繰り返し
飽きる	惰性

逆

★★
同じ作業の繰り返し。お金のために仕事を続ける。いい加減な作業。

金貨の9…才知を活かして成功する女性

9 = 精神的充実

幸せな結婚	華やかさ
豊かな暮らし	女性の成功

正

★★★★★
玉の輿に乗る。女性の社会的成功。女社長。婚約。パトロンを得る。

愛よりお金	打算的
パトロン	贅沢

逆

★★★
金の切れ目が縁の切れ目。豊かさと美貌への執着。公私混同。

金貨の10…家族や家の繁栄

10 = 終わり・次世代

経済の安定	子孫繁栄
伝統	名家

正

★★★★★
家族の繁栄。良い家柄。伝統や財産の継承。名家に嫁ぐ。経済の安定。

古いしきたり	家の没落
家庭の問題	遺産の喪失

逆

★★★
相続問題。家族の反対。古いしきたりに囚われる。親との関わり。

第Ⅷ章　小アルカナが示すメッセージ

POINT
64

タロット占い Q&A

　タロット占いを始めようと思っている人や、吉田ルナのタロット占い講座を受講中の生徒さんからよく受ける質問をまとめました。あなたのタロットカードや占いに関する知識として、お役に立てればと思います。

Q1 スプレッドは、誰が考案したもので、どれくらいあるのですか？ すべて覚える必要があるのですか？ また、自分でつくってもよいのでしょうか？

A. スプレッドは、ケルト十字やヘキサグラムなど、考案者が定かではない伝統的なものから、近年になって考案されたオリジナルスプレッドまで、本当にたくさんあります。それぞれのレイアウト手法やポジションごとの意味は占者によって違いますし、より良い占いをしようと今日も占者によって考案されています。あなたも自分に合ったスプレッドのみを使用し、必要を感じたなら新しく考案してもよいでしょう。

Q2 良い結果が得られないとき、同じ占いを何度してもよいのでしょうか？

A. 例えば、悪い結果が出て、次に占って良い結果が出たとします。では、どちらの答えが正しいのでしょうか？ これでは占う前と同じく、分からない状態のままです。同じ占目を同じスプレッドで占っても、混迷を増すだけです。どうしても占いたい場合は、日を改めるか、デッキを変えて、別のスプレッドで占うようにしましょう。ちなみに易では、山水蒙（さんすいもう）という卦の解説で、「再三占えば瀆れる」とされています。タロット占いでも、同じ占いを何度もすると正しい答えが得られなくなるので、避ける方がよいでしょう。

Q3 自分のタロットカードを、人に貸してもよいのでしょうか？

A. タロットカードは、使用者を設定して占いを行う特別なツールです（P8・POINT 1 参照）。原則的には貸したり、共有して使ったりはしません。

Q4 夜に占っては良くないと聞いたことがありますが、本当ですか？

A. タロット占いは、いつ行っても構いません。夜の方が、静かで占いに集中しやすい時間帯とも言えるでしょう。霊的な影響が気になる人は、占う前の準備を整えてから占うとよいでしょう（P10・POINT 2 参照）。

Q5 タロットカードは、スプレッドを読む占い以外にも使い道がありますか？

A. タロットカードは、スプレッドを読む以外にも、ワンオラクル（1枚引き）として、毎日の占いや、その月・その年・ある事柄について占いたいときに活用できます。また、大アルカナは、天使や聖霊、神のエネルギーが転写された護符のようなものです。なので、お守りとして使うこともできます。

さらに、神秘思想を学ぶテキストとして使うこともあります。絵が美しいのがタロットの特徴ですので、アートセラピーとしてのワークを行うこともできます（参考書籍『もっと本格的に人を占う！ 究極のタロット新版』『人間関係を占う 癒しのタロット 解決へ導くカウンセリング術』『幸せに導くタロットぬり絵 神秘と癒しのアートワーク』）。

Q6 カードを1枚なくしたのですが、もう占えないのですか？

A. カードを新調するのがベストですが、1枚足りないデッキを使って占う場合、予備カードになくしたカードの名前を書いて（例えば［Ⅲ女帝］とペンで書く）、そのカードに見立てて占います。予備カードがない場合でも、1枚足りない状態で占うことも可能です。大切なのは、ツールの状態よりも、「悩んでいるときに答えを得る」ということです。

Q7 カードの意味を、カードに書き込んでもよいのでしょうか？

A. タロットカードは、神のメッセージを得るためのツールです。占いに使うカードは、基本的には書き込みしません。書き込むと、その情報に縛られるからです。ただし、使い古したカードなどであれば、カードの意味を覚える勉強用として、単語帳のように書き込んで使うことは可能です。

Q8 好きなカードがいくつかあります。複数のデッキを使用してもよいのですか？

A. 一つの占目に対し、二つ以上のデッキを使って占うこともあります。また、気分や占目によってデッキを使い分ける場合もあります。

Q9 タロット占いは、霊感がなくても誰でも占えますか？ 当たりますか？

A. 大丈夫です。本書があなたの力を引き出すお手伝いをします。自分の能力を信じてください。経験と共に、占いのセンスも養われます。

あとがき

「タロット占いはなぜ当たるの?」と初心者の方は驚かれます。その素朴な疑問に対しては、いくつもの答えがあり、的確に述べることは難しいのが本当のところです。

なぜ当たるのかというと、何よりもまず、あなたが答えを求めるからです。求める心があるから答えが得られます。私たちが生きるこの世界は、望めば叶う世界です。真心を持って神に尋ねれば、神はタロットを通して教えてくれるでしょう。

タロットカードの起源ははっきりしていませんが、15世紀の北イタリアで制作されたというのが最古の記録です。現在、私たちが使っているタロットは、19世紀のオカルティスト達によって秘教と結びつけされました。それによって、タロットカードは霊的成長の意味を持ちながら占いのツールとしても使われるようになりました。

本書では、霊的成長の背景であるユダヤ教の神秘思想であるカバラの生命の木の対応を記載し、タロットに込められた神秘思想の一端を解説しました(詳しく学びたい方は、既刊書『4大デッキで紐解く タロットリーディング事典 完全版 78枚のすべてがわかる』も読んでみてください)。タロットカードには神の叡智が込められ、今日では誰もが神とつながることのできる特別なツールとして親しまれています。あなたが真摯に答えを求めれば、それは得られるでしょう。この本を基礎に、さらに洞察を深め、タロットの神秘の世界を楽しんでもらえればと思います。

オリジナルカード「ラブアンドライトタロット」 吉田ルナ監修・片岡れいこ絵
アートショップニコラ http://a-nicola.shop-pro.jp などで入手できます。

監修者 吉田 ルナ からのメッセージ

　タロット占いをしてもらって、癒されたり、安心できた体験をお持ちの方は多いと思います。でもタロットは、実は誰かにしてもらうよりも自分が占うようになることで、癒しと、安心と、開運する力を手に入れることができるツールです。

　タロット占いは、未来を知ることはもちろんですが、問題への対応方法を知ることができるのが魅力です。ですから、タロット占いができるようになると、トラブルが起こったときに、それに対応するための策を考える力が高まります。その力が、あなたに運を引き寄せるのです。

　タロット占いを通じてたくさんの人に開運してもらいたくて、私はこの本を書きました。また、タロットカードのアートとしての魅力を表現できればと、本書では清水静湖先生のタロットのイラストを使用しています。さらに、本書の企画・編集を担当しているクリエイターの片岡れいこさんにイラストをお願いして、愛と平和をもたらす幸せのオリジナルタロットカード「ラブアンドライトタロット」の制作も行いました。占い以外に、タロットぬり絵やアートとしてのタロット、ヒーリングとしてのタロットの魅力を伝えていければと思っています。

　これからもタロットカードを通して、一人でもたくさんの人に、人生の喜びを伝えていきたいと思います。

あなたの幸せと開運を祈って　Luna Yoshida

▲監修者 吉田ルナの対面セッション風景

吉田ルナが主宰する「ラブアンドライト」では、オリジナルカードの「ラブアンドライトタロット」を使用した占い講座や、タロット占いの技術を高める講座、占い師養成講座、対面やオンラインでの占いセッション、そのほか占星術、カバラ・生命の木などの神秘思想のワークショップを行っています。お気軽にお問い合わせください。

ラブアンドライト
http://loveandlight21.jp

●監修・執筆　**吉田 ルナ**

　幼い頃から霊感があり、13歳からタロットに魅了される。西洋占星術など多岐に渡る占術で、プロとしての鑑定実績は延べ2万人以上。現在は「ラブアンドライト」を主宰し、占いや秘教の研究を活かして、占い学校、天命発掘のワークショップ、魂を解放するアートセラピーなどを行う。関西以外にも北海道から沖縄までワークショップやオンラインにて講座やセッションを行い、全国に無条件の愛と叡智の光を届ける活動に努める。

▼著書
・『もっと本格的に人を占う! 究極のタロット 新版』
・『もっと本格的にカードを読み解く! 神秘のタロット 新版』
・『もっと本格的にスプレッドを極める! 魅惑のタロット 新版』
・『幸せに導くタロットぬり絵 神秘と癒しのアートワーク』
・『人間関係を占う 癒しのタロット 解決へ導くカウンセリング術』
・『4大デッキで紐解くタロットリーディング事典 完全版 78枚のカードのすべてがわかる』

◀THE STAR（ラブアンドライトタロット）吉田ルナ監修・片岡れいこ 絵

●編集・デザイン	●ドローイングイラスト	●デジタルイラスト	●編集協力
片岡 れいこ	**清水 靜湖**	**稲垣 麻里**	**小橋 昭彦・板垣 弘子**

参考文献：『カバラ入門』（出帆新社）ゼブ・ベン・シモン・ハレヴィ著 松本ひろみ訳

ライダー・ウェイト版タロットは、U.S. Games Systems社の許可を得て掲載しました。

本格的に占うタロット 基本の扱い方
カードの力を引き出すコツと実占例

2024年6月10日　第1版・第1刷発行

監修者　吉田 ルナ（よしだ るな）
編 者　片岡 れいこ（かたおか れいこ）
発行者　株式会社メイツユニバーサルコンテンツ
　　　　代表者　大羽 孝志
　　　　〒102-0093 東京都千代田区平河町一丁目1-8
印 刷　株式会社 厚徳社

※本書は2020年発行の『この一冊で本格的にできる! タロット占いの基本 新版』の書名と装丁、誌面デザインを変更し、新たに発行したものです。